JN241549

子ども
教養図鑑

水不足、ゴミ問題、
大気汚染、絶滅危惧種…

世界が抱える
環境問題に
向き合おう

キミなら どう解決する？
SDGs 環境編

由井薗 健・粕谷昌良（筑波大学附属小学校教諭）監修
小学校社会科授業づくり研究会 著

誠文堂新光社

はじめに

「私」と「私たち」の地球環境を考える意味と大切さ

新聞やテレビ、インターネットなど、私たちは日々の生活の中でさまざまな情報に触れているのですが、その中でSDGsという言葉を聞かない日はありません。ご存じのように、SDGsは「Sustainable Development Goals」の略で、2015年9月25日に国連総会で採択された、持続可能な開発のための17の国際目標です（くわしくは8、9ページと118〜123ページを読んでみてください）。この前書きでは、SDGsを考えることが子どもたちの学びに果たす役割について述べたいと思います。

PISA調査という言葉を聞いたことがあるでしょうか。これは、OECD（経済協力開発機構）が、加盟国を中心に3年ごとに実施する学習到達度調査です。世界81カ国・地域を対象に実施されています。評価項目は「読解力」「数学的リテラシー」「科学的リテラシー」の3分野です。これらは「コンピテンシー」と呼ばれ、単なる知識や技能だけではなく、技能や態度をふくむさまざまな心理的・社会的なリソースを活用して、特定の文脈の中で複雑な要求（課題）に対応することができる力を指しています。SDGsを考えることは、コンピテンシーの育成に深い関わりがあります。

この本では、未来の社会を生き抜く子どもたちにとって解決をしていかなければならない課題である、SDGsの要素「環境」「経済」「人権」のうち、「環境」を取り上げ、その解決について考えていきます。

掲載されている18の事例について、それぞれ、「問題を知ろう」「キミならどう解決する？」「解決に向けた取り組み」「わたしたちにできること」の項目に分かれています。最初の3つの項目では、環境問題についての事実を知り、課題を持ちます。次に世界中の国や地域、企業で行われている先進的な取り組みを確認し、環境問題への理解を深めていきます。

そして、最後に「わたしたちにできること」で解決に向けての自分の考えをまとめていきます。この本をじっくり読むことで、PISA調査で求められているような、特定の文脈の中で複雑な要求（課題）に対応することができる力が養われていくのです。

最後にもう一言加えたいと思います。OECDでは、現在Education 2030が進められています。Education 2030は、2030年という近未来の教育を形づくるための国際的なプロジェクトです。日本は2015年のプロジェクト開始当初から参加し、国際的なコンピテンシーの枠組み設計やカリキュラムに関する議論に積極的に関わっています。その視点として、個人である「私」から社会の一員である「私たち」が示され、これまで以上に社会の一員としての「責任」ある行動が求められているのです。

この本は未来の社会に必要な学びを踏まえてつくられています。読者のみなさんにとって、自分自身（私）と社会の多くの人たち（私たち）の幸せがつながっていることを実感するとともに、自分自身の幸せとより良い未来の社会を考えていくことの一助になれば幸いです。

『子ども教養図鑑　SDGs 環境編』監修　**粕谷 昌良**

執筆者紹介

粕谷 昌良（筑波大学附属小学校教諭）担当した項目▶06,08,12
須賀 知宏（さいたま市立教育研究所）担当した項目▶02,07,13,14
鈴木 遼輔（筑波大学附属小学校教諭）担当した項目▶09,10,11
柳 圭一（浦安市立東野小学校教諭）担当した項目▶01,03,04,05
由井薗 健（筑波大学附属小学校教諭）担当した項目▶15,16,17,18

主要参考文献・ウェブサイト

『こどもSDGs』『数字でわかる！ こどもSDGs』秋山宏次郎監修、バウンド著（カンゼン）／『世界がぐっと近くなる SDGsとボクらをつなぐ本〈ハンディ版〉』池上彰監修（学研プラス）／『小学生からのSDGs』SDGsジャーナル 深井宣光著（KADOKAWA）／『10歳からの図解でわかるSDGs』平本督太郎著（メイツ出版）／『SDGsのきほん 未来のための17の目標〈全18巻〉』渡邉優監修、稲葉茂勝著（ポプラ社）／『これならわかる！ SDGsのターゲット169徹底解説』稲葉茂勝・渡邉優著（ポプラ社）／『CO_2はどこへ行くのか？』小西哲之編著（PHP研究所）／『みんなが知ってる企業のSDGs 環境に関わるとりくみ』蟹江憲史監修（ほるぷ出版）／『学校でやってみた！ SDGs実践ナビ〈全3巻〉』手島利夫監修（理論社）／『国谷裕子とチャレンジ！ 未来のためのSDGs〈全4巻〉』国谷裕子監修（文溪堂）／朝日新聞／読売新聞／日本経済新聞／毎日新聞／産経新聞／行政機関公表の各種白書／各省庁／NHK
国際連合広報センター／OECD／WHO／JICA／unicef／地球の友と歩む会／EF Polymer／ウォータージェン／ヤマハ発動機／国立環境研究所／水処理エース／千葉商科大学／State of Green／エイブルエナジー／フジクリーン工業／WASSHA／宮城県／フラクタジャパン／LIFULL／移住・交流推進機構／和気町／千葉県企業局／富山市／Google／Amazon／パナソニック ホームズ／Meta／SpaceX／ダイビック／帝国書院／宮古市／東京都総務局／釜石市／キッコーマン／富士急行／南三陸町／北海道電力／日揮／小田原市環境部／佐賀市環境部／UPay／OREC／Evoware／亀岡市／大津市／OLIO／日本もったいない食品センター／東果堂／プラスチック循環利用協会／上勝町／上勝町ゼロ・ウェイストセンター／鎌倉市／ナカダイ／adidas／きなりっこ／BIPROGY／馬路村農業協同組合／宍粟市学校給食センター／ささづ苑／JAL／ANA／トヨタ自動車九州／九州大学農学研究院／地質調査総合センター／ソーシャルスポーツイニシアチブ／沖縄県農林水産部・環境部／恩納村役場／イノカ／日本サンゴ礁学会／PanoraGeo／JAXA／速水林業／Timbeter／広島西部ロハスの会／FSCジャパン／WWF／日本動物園水族館協会／日本希少鳥類研究所／GIGAZINE

子ども教養図鑑

SDGs環境編

もくじ

この本の使い方

この本は、SDGsが扱う問題のうち、環境問題について解説したビジュアル図鑑です。問題の基本的な情報と、解決に向けた取り組みを紹介しています。SDGsと環境の基礎知識がわかり、さまざまな立場の取り組みを知ることで、多角的に物事を捉える力が身につきます。

水不足、ゴミ問題、大気汚染など、18の問題を取り上げます。私たちといっしょに、「自分ならどう解決するか」と考えながら読み進めていきましょう。

先生

社会科の先生。子どもたちに環境問題について知ってもらい、自分の頭で考える力や多角的な視点を養ってほしいと考えている。

世の中に存在する環境問題

身近なところから世界規模のものまで、世の中に存在するさまざまな環境問題を考えていきます。

単元

小学校社会科のどの単元に関係があるのかを示しています。

関連するSDGsの目標

取り上げる問題ととくに関係のあるSDGsの目標がのっています。

1-2ページ目

ひとつの問題について、6ページを使って解説しています。まずは、日本や世界にどういう環境問題があるのかを知りましょう。

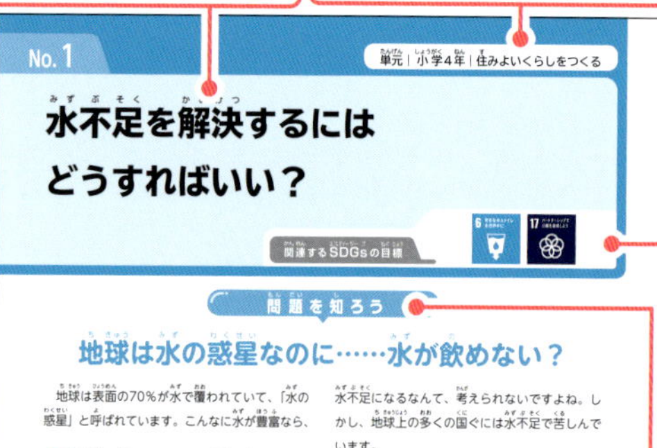

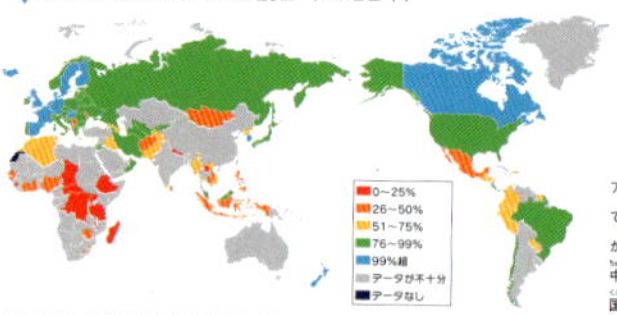

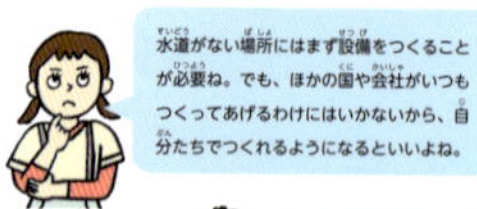

問題を知ろう

問題の現状や背景、原因について、写真や図を使って解説しています。

キミならどう解決する？

登場人物たちが考える解決方法やアイデアがのっています。みんなの意見を読んだうえで、自分だったらどう解決するのかを考えてみましょう。

登場人物

ヒロトさん

いつも冷静で、じっくり考えて発言をする学級委員長。

ユイさん

好奇心が旺盛で、外国で働くことを夢見ている。

ソウタさん

友だち想いで、思い立ったらすぐに行動する。

ミサキさん

音楽が大好きで、楽しいイベントを考えるのが好き。

注意
・本文中に登場する数は、「約」を省略しています。
・計数が四捨五入されるなどして、合計の数字が合わないグラフもあります。

図のアイコン
- …地図を使って説明する図
- …グラフを使って説明する図
- …さらにくわしく説明する表や図

解決に向けた取り組み
国や国際機関、民間団体、企業などが実際に行っている取り組みを、わかりやすく説明しています。

3-4ページ目

問題の解決に向けて、日本や世界で実際に行われている取り組みの例を紹介しています。

解決に向けた取り組み①
現地の人の力で水道をつくる

観光地として有名なインドネシアのバリ島には、世界遺産のジャティルイ・ライステラス（棚田）や、タマンアユン寺院があります。観光スポットのある南部は発展していますが、北部は開発が遅れています。

バリ島北部にあるブダワ村では、水道設備に問題があり、各家庭に水を届けることができていませんでした。お金持ちの人や、水源に近い村の人が多くの水を取ってしまい、ほとんどの家庭では2～3日に1度、数時間しか水道が使えませんでした。また、そもそも水道がつながっていない家庭では、水くみに時間を取られてしまい、生活に影響が出ていました。

そこで、日本のNPOである地球の友と歩む会の人たちは、現地の水道組合・大学・水道公社の結びつきをサポートし、現地の地形や、現地の人の技術に適した水道設備を整備することにしました。地形の高低差を利用して、取水場所から各家庭まで自然に水が流れるようにしたり、水に異物が混入するのを防ぐために、日本の石積技術や現地に自生するシュロの皮を用いて、フィルターを通しながら水を送る設備をつくったりしました。

ブダワ村には、村の決めごとはみんなで話し合い、そこで合意したことをもとに共同で作業をする慣習があります。この慣習にしたがい、村民参加型の工事で水道を整備していきました。工事に参加していない、水道を使う人たちにも、SNSを通じて広報をしたり、説明会を開いたりして、水道事業への理解を求めました。その結果、村中心部への給水量が、必要量の95％に達しました。

写真提供：認定NPO法人地球の友と歩む会／LIFE

自分たちで使う水が通る場所は自分たちで整備するという方法は、現地の住民に受け入れられました。この活動を通して現地のボランティアが技術を覚え、その後、住民たちがみずから将来の水源保護を目的とした植林活動も始めるようになりました。

豆知識 カンボジアの首都プノンペンでは、内戦で水道設備が劣化しました。内戦後の1993年からJICA（国際協力機構）などが水道改革に取り組み、100万人以上の市民へ水を[illegible]ことに成功しました。

12

解決に向けた取り組み②
吸水性ポリマーを使って水をたくわえる

問題は、飲み水だけではありません。生活に欠かせない農作物を育てるための水も必要です。日本でも、雨が少ない日が続くと、農作物がうまく育たないことがあります。こうした問題を解決するために、畑の土に吸水性ポリマーを混ぜることで、畑に水をたくわえたり、肥料を節約したりする実験が行われています。

EF Polymerという会社は、オレンジの皮などを原料とする、EFポリマーを開発しました。自然由来の成分でつくられているので、1年ほどで自然に分解されて環境に悪い影響を与えません。

沖縄県では、EFポリマーを使うことでサトウキビの収穫量が20％アップしたという実験結果が出ています。

吸水性ポリマーは、水を閉じ込めることができる網目のようなプラスチック素材の一種です。水に触れると網目が広がり、水を吸い込んで保持します。吸水性ポリマーを使えば、雨が少ない時期でも、作物が水を吸い入れることができ、不作になる心配がありません。

解決に向けた取り組み③
空気から水をつくる

飲み水のもとになる川や湖の水は、もともと空から降ってくる雨です。雲は水滴の集まりでできていて、水分が増えると雨として降ってきます。また、冷えた飲み物をコップに入れておくと、周りに水滴が付いていることがあります。これは、結露といって空気中の水分が冷やされて水になったものです。

こうした現象を参考にして、ウォータージェンという会社が、空気から水をつくり出す設備を開発しました。新鮮で清潔な水を低コストで提供しています。自動車くらいの大きさの設備なので、水が必要な場所に運べて、設置すればすぐに使うことができます。

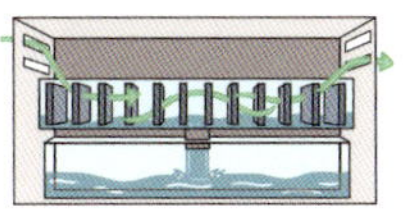

フィルターを通し、ホコリなどを取り除いた空気を冷やして、水を生成します。その水をろ過してきれいにします。大型の機種は1日に最大5,000Lの水をつくることができます。

クイズ 世界でもっとも古い水道がつくられたのは、現在のどの国でしょうか。①エジプト ②[illegible] ③イタリア

13

豆知識
取り上げている問題について、知っていると役に立つちょっとした知識を紹介しています。

クイズ
問題に関係のあるクイズです。答えは5ページ目にのっています。

5-6ページ目

「解決に向けた取り組み」の続きと、日本や世界で実際に行われている取り組みを知ったうえで、私たちにできることがのっています。

解決に向けた取り組み④
くり返し水を使える機械

アフリカのセネガルにある小さな集落では、川や沼でくんできた水に薬品を入れ、汚れを固めて取り除いてから飲み水として使っていました。この方法は、時間がかかるわりに、きれいにできる水の量が少なく、効率がよくありませんでした。

そこで、日本のヤマハ発動機という会社が水をろ過する機械を設置しました。この機械は、自然界が水をきれいにするのと同じように、砂や微生物を使い、丸1日かけて水をきれいにします。川や沼から水を引いて、ろ過することできれいな水を手に入れることができるようになりました。

汚れた水をろ過する装置のイメージ

ろ過する機械には、砂や砂利の層だけでなく、生物ろ過層があります。生物ろ過層にいる微生物の働きによって汚れを除去します。

解決に向けた取り組み⑤
海水を真水にする装置

地球の水の97％を占める海の水を利用できれば、水不足を解消することができそうです。しかし、海水の塩分を薄めて飲めるようにするには、海水を蒸発させて塩分を取り除く必要があります。それには強い火力が必要になるため、地球温暖化への影響もあります。

日本政府からの無償資金協力によって、カリブ海にあるアンティグア・バーブーダという国に、RO膜を使った海水淡水化装置が導入されました。RO膜は海水の塩分などをろ過して、真水をつくることができます。もちろん、飲み水としても使うことができます。ほかの島国の水不足解消も期待できそうです。

写真提供：東洋紡

くみ上げられた海水は、海水淡水化装置を通ると真水になります。装置の運転や管理は現地の人が行っています。

クイズの答え ③イタリア。約2,300年前、現在のイタリアにあったローマという国で、水不足を解消するために、山の水源から都市まで水を引く水道橋などがつくられました。

14

わたしたちにできること

日本国内を見てみると、水の使用量は1960年代以降、水洗設備の普及によって増えた時期はありますが、節水意識の高まりや人口の減少などによって、少しずつ減ってきています。それでも、水が限りのある資源であることに変わりはありません。これからも水を使い続けていくために、どのようなことに気をつければよいのでしょうか。

生活用水使用量の推移

1人が1日に使う水の量は、1990年代に約320Lに達しましたが、2019年に約280Lまで減少しています。

出典：国土交通省「水資源の利用状況」

当たり前だけど、まずは水の出しっぱなしをやめることだよね。歯みがきのときは必要な分だけ水を使うようにしよう。

花の水まきや掃除など、水を再利用できるところでは、ためた雨水やお風呂の水を使うようにすれば、水の節約につながるね。

水問題の解決に向けて、新しい技術を開発している企業を応援できるといいですね。実際に取り組んでいる企業のウェブサイトに、応援のメッセージを送ってみましょう。

水をきれいにするためにたくさんのエネルギーが必要だから、必要以上に水を汚さないようにしたいね。台所用洗剤や洗濯洗剤は環境にやさしいものを選ぶようにしよう。

広げよう深めよう
山に降った雨が地中にしみ込み、長い年月をかけて地上に湧き出てきたものが集まって川となり流れています。ほかの国と陸続きでない日本と異なり、世界には国をまたいで川が流れているところもあります。そうした地域では、上流の国と下流の国で水をめぐる争いが起こることもあります。上流に位置する国がダムなどをつくると、下流の国へ流れる水の量が減り、雨が降らない日が続いたときに、水が足りなくなります。

15

わたしたちにできること
登場人物たちといっしょに私たちにできることを考えていきます。問題の追加情報ものっています。

広げよう深めよう
問題について、さらに調べたり、考えたりするためのヒントがのっています。

環境とSDGs －「持続可能な未来」を実現するために－

地球は今、多くの環境問題を抱え、劣化しているといわれています。
未来のために、自然環境を保全し、気候変動への対策を行い、生態系を保護しなければなりません。
ＳＤGsの土台には、環境保護の考え方があります。

環境保護ってどういうこと？

環境保護とは、地球の自然環境を守り、維持することです。空気や水をきれいに保つこと、森林や海を大切にすること、動植物の生態系を守ることなどがふくまれます。地球が抱えている温暖化、大気汚染、海洋プラスチックゴミ、森林破壊、動植物の絶滅などの環境問題は、人間の活動が原因です。このまま放置すると、食料や水が不足したり、自然災害が増えたりして、人類は生存していくことが難しくなります。

環境とSDGsの関係って？

ＳＤGsは、2015年に国際連合（国連）の会議で採択された17の目標です。貧困、不平等、生物多様性、気候変動などの地球規模の課題を、世界中が協力して解決していこうという取り組みです。ＳＤGsの前文には「持続可能な消費と生産、天然資源の持続可能な管理、そして気候変動への緊急の対応を通じて、地球を劣化から保護する」と書かれています。

「持続可能な未来」って？

ＳＤGsがめざしている「持続可能な未来」は、資源の効率的な利用や生態系の保護、そして将来世代に健康で豊かな環境を残す意識を高めることで実現されます。それは、単なる理想ではありません。世界中の国ぐにが協力し、私たち一人ひとりが考え、身近なところから行動を変えていくことで、実現に向けて一歩ずつ近づいていくことができます。

SDGsの3つの要素

環境保護

気候変動対策を行い、安全な水を確保し、海や陸を守ること。

経済成長

経済活動を通じて富や価値を生み出していくこと。

社会的包摂

社会的に弱い立場の人もふくめ、一人ひとりの人権を尊重すること。

SDGsには「環境保護」「経済成長」「社会的包摂」の３つの要素があります。このうち、「環境保護」とは、天然資源や生態系を適切に維持・管理することを意味しています。経済成長をうながして、環境を守り、すべての人の人権を尊重し、全人類が長く幸せに生きられる世界をめざしています。

SDGsとは、「Sustainable Development Goals」の頭文字をつなげた言葉です。日本語では「持続可能な開発目標」といいます。2015年に193カ国が参加した国連の会議で、「地球が将来的にも発展していくための目標」として17のゴールがかかげられ、2030年までに達成することをめざすことになりました。17のゴールについては、P.118〜123でくわしく紹介しています。

SUSTAINABLE DEVELOPMENT GOALS

No. 1

単元｜小学4年｜住みよいくらしをつくる

水不足を解決するにはどうすればいい？

関連するSDGsの目標

問題を知ろう

地球は水の惑星なのに……水が飲めない？

地球は表面の70％が水で覆われていて、「水の惑星」と呼ばれています。こんなに水が豊富なら、水不足になるなんて、考えられないですよね。しかし、地球上の多くの国ぐにには水不足で苦しんでいます。

地球の水の内訳を見てみると、海水が97％、淡水（塩分をほとんどふくまない水）が2.5％です。人間が飲み水や生活用水として使えるのは淡水ですが、そのほとんどは南極や北極にある氷が占めています。実際に人間が使うことができるのは、地球上に存在する水のわずか0.008％しかありません。

世界の人たちはどんな水を飲んでいる？（2022年）

出典：ユニセフ・WHO報告書「家庭の水と衛生の前進2000～2022年：ジェンダーに焦点を当てて」

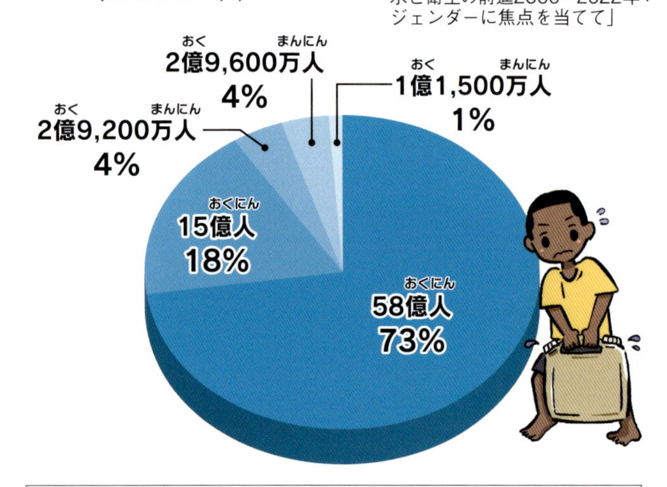

地球上に住む人たちのうち、安全な水を利用しているのは73％の人たちです。残りの人たちは、自由に水を利用できていません。一部の国や地域では、水をくむために家の外へ出る必要があります。

円グラフにある「安全に管理された飲み水」とは、家庭で使うことができる、汚れていない水のことです。日本でも、すべての人が安全な水を飲めているわけではありません。

なぜ安全な水が飲めないの？

飲み水は川やダム、湖の水を利用してつくられています。これらの水には、動物の糞尿やウイルス、菌などが混ざっているので、浄水場できれいな水にする必要があります。つまり、浄水場がない場所では安全な水を飲むことができないのです。

また、水道設備がなく、水がくめる場所まで毎日２時間かけて歩いて、家まで水を運ばなければならない人もたくさんいます。

すべての人が安全な飲み水を簡単に手に入れられるようにするには、どうすればよいのでしょうか？

安全な水が飲める人の割合（2022年）

- 0～25%
- 26～50%
- 51～75%
- 76～99%
- 99%超
- データが不十分
- データなし

アフリカでは、安全な水を利用できる人の割合が25%以下の国が多くあります。東南アジアや中南米においても、半分以下の国があります。

出典：ユニセフ・WHO報告書「家庭の水と衛生の前進2000～2022年：ジェンダーに焦点を当てて」

キミならどう解決する？

水道がない場所にはまず設備をつくることが必要ね。でも、ほかの国や会社がいつもつくってあげるわけにはいかないから、自分たちでつくれるようになるといいよね。

地球上の水は97％が海水なんだから、海水を真水にする機械があれば水不足は解消ね！

一度使った水をきれいにして、くり返し使うことができれば、雨が少ない地域でも、水が足りなくなる心配はなくなるんじゃないかな。

解決に向けた取り組み①

現地の人の力で水道をつくる

観光地として有名なインドネシアのバリ島には、世界遺産のジャティルイ・ライステラス（棚田）や、タマンアユン寺院があります。観光スポットのある南部は発展していますが、北部は開発が遅れています。

バリ島北部にあるプダワ村では、水道設備に問題があり、各家庭に水を届けることができていませんでした。お金持ちの人や、水源に近い村の人が多くの水を取ってしまい、ほとんどの家庭では2～3日に1度、数時間しか水道が使えませんでした。また、そもそも水道がつながっていない家庭では、水くみに時間を取られてしまい、生活に影響が出ていました。

そこで、日本のNPOである地球の友と歩む会の人たちは、現地の水道組合・大学・水道公社の結びつきをサポートし、現地の地形や、現地の人の技術に適した水道設備を整備することにしました。地形の高低差を利用して、取水場所から各家庭まで自然に水が流れるようにしたり、水に異物が混入するのを防ぐために、日本の石積技術や現地に自生するシュロの皮を用いて、フィルターを通しながら水を送る設備をつくったりしました。

プダワ村には、村の決めごとはみんなで話し合い、そこで合意したことをもとに共同で作業をする慣習があります。この慣習にしたがい、村民参加型の工事で水道を整備していきました。工事に参加していない、水道を使う人たちにも、SNSを通じて広報をしたり、説明会を開いたりして、水道事業への理解を求めました。その結果、村中心部への給水量が、必要な量の95％に達しました。

写真提供：認定NPO法人地球の友と歩む会／LIFE

自分たちで使う水が通る場所は自分たちで整備するという方法は、現地の住民に受け入れられました。この活動を通して現地のボランティアが技術を覚え、その後、住民たちがみずから将来の水源保護を目的とした植林活動を始めるようになりました。

豆知識　カンボジアの首都プノンペンでは、内戦で水道設備が劣化しました。内戦後の1993年からJICA（国際協力機構）などが水道改革に取り組み、100万人以上の市民へ水を届けることに成功しました。

解決に向けた取り組み②

吸水性ポリマーを使って水をたくわえる

問題は、飲み水だけではありません。生活に欠かせない農作物を育てるための水も必要です。日本でも、雨が少ない日が続くと、農作物がうまく育たないことがあります。こうした問題を解決するために、畑の土に吸水性ポリマーを混ぜることで、畑に水をたくわえたり、肥料を節約したりする実験が行われています。

EF Polymerという会社は、オレンジの皮などを原料とする、EFポリマーを開発しました。自然由来の成分でつくられているので、1年ほどで自然に分解されて環境に悪い影響を与えません。

沖縄県では、EFポリマーを使うことでサトウキビの収穫量が20％アップしたという実験結果が出ています。

吸水性ポリマーは、水を閉じ込めることができる網目のようなプラスチック素材の一種です。水に触れると網目が広がり、水を吸い込んで保持します。吸水性ポリマーを使えば、雨が少ない時期でも、作物が水を取り入れることができ、不作になる心配がありません。

解決に向けた取り組み③

空気から水をつくる

飲み水のもとになる川や湖の水は、もともと空から降ってくる雨です。雲は水滴の集まりでできていて、水分が増えると雨として降ってきます。また、冷えた飲み物をコップに入れておくと、周りに水滴が付いていることがあります。これは、結露といって空気中の水分が冷やされて水になったものです。

こうした現象を参考にして、ウォータージェンという会社が、空気から水をつくり出す設備を開発しました。新鮮で清潔な水を低コストで提供しています。自動車くらいの大きさの設備なので、水が必要な場所に運べて、設置すればすぐに使うことができます。

フィルターを通し、ホコリなどを取り除いた空気を冷やして、水を生成します。その水をろ過してきれいにします。大型の機種は1日に最大5,000Lの水をつくることができます。

クイズ　世界でもっとも古い水道がつくられたのは、現在のどの国でしょうか。

①エジプト　②中国　③イタリア

解決に向けた取り組み④

くり返し水を使える機械

アフリカのセネガルにある小さな集落では、川や沼でくんできた水に薬品を入れ、汚れを固めて取り除いてから飲み水として使っていました。この方法は、時間がかかるわりに、きれいにできる水の量が少なく、効率がよくありませんでした。

そこで、日本のヤマハ発動機という会社が水をろ過する機械を設置しました。この機械は、自然界が水をきれいにするのと同じように、砂や微生物を使い、丸1日かけて水をきれいにします。川や沼から水を引いて、ろ過することできれいな水を手に入れることができるようになりました。

汚れた水をろ過する装置のイメージ

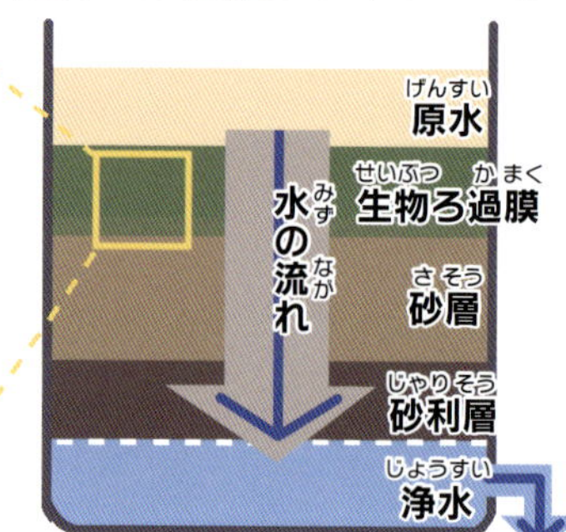

ろ過する機械には、砂や砂利の層だけでなく、生物ろ過膜があります。生物ろ過膜にいる微生物の働きによって汚れを除去します。

解決に向けた取り組み⑤

海水を真水にする装置

地球の水の97％を占める海の水を利用できれば、水不足を解消することができそうです。しかし、海水の塩分を薄めて飲めるようにするには、海水を蒸発させて塩分を取り除く必要があります。それには強い火力が必要になるため、地球温暖化への影響もあります。

日本政府からの無償資金協力によって、カリブ海にあるアンティグア・バーブーダという国に、ＲＯ膜を使った海水淡水化装置が導入されました。ＲＯ膜は海水の塩分などをろ過して、真水をつくることができます。もちろん、飲み水としても使うことができます。ほかの島国の水不足解消も期待できそうです。

写真提供：南洋貿易

くみ上げられた海水は、海水淡水化装置を通ると真水になります。装置の運転や管理は現地の人が行っています。

クイズの答え ③イタリア。約2,300年前、現在のイタリアにあったローマという国で、水不足を解消するために、山の水源から直接水を引く水道橋などがつくられました。

わたしたちにできること

日本国内を見てみると、水の使用量は1960年代以降、水洗設備の発達によって増えた時期はありますが、節水意識の高まりや人口の減少などによって、少しずつ減ってきています。それでも、水が限りのある資源であることに変わりはありません。これからも水を使い続けていくために、どのようなことに気をつければよいのでしょうか。

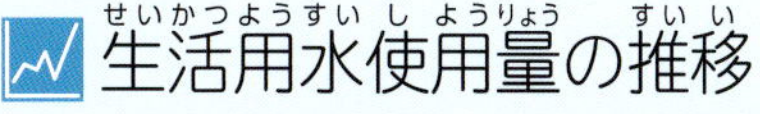

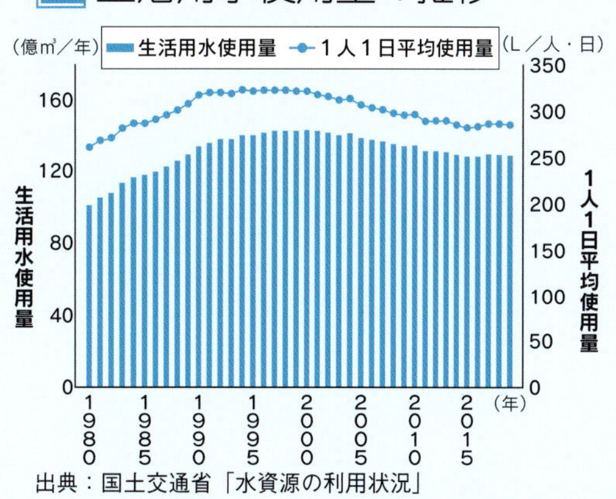

出典：国土交通省「水資源の利用状況」

1人が1日に使う水の量は、1990年代に約320Lに達しましたが、2019年に約280Lまで減少しています。

当たり前だけど、まずは水の出しっぱなしをやめることだよね。歯みがきのときは必要なぶんだけ水を使うようにしよう。

花の水まきや掃除など、水を再利用できるところでは、ためた雨水やお風呂の水を使うようにすれば、水の節約につながるね。

水問題の解決に向けて、新しい技術を開発している企業を応援できるといいですね。実際に取り組んでいる企業のウェブサイトに、応援のメッセージを送ってみましょう。

水をきれいにするためにたくさんのエネルギーが必要だから、必要以上に水を汚さないようにしたいね。台所用洗剤や洗濯洗剤は環境にやさしいものを選ぶようにしよう。

広げよう深めよう

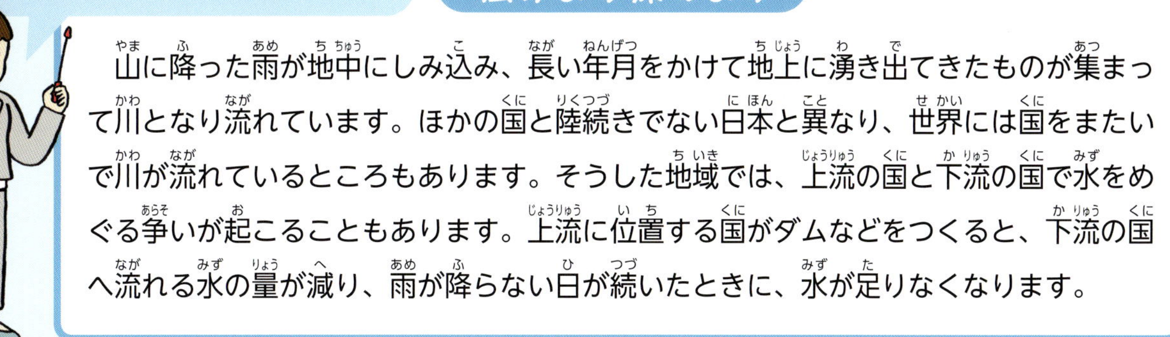

山に降った雨が地中にしみ込み、長い年月をかけて地上に湧き出てきたものが集まって川となり流れています。ほかの国と陸続きでない日本と異なり、世界には国をまたいで川が流れているところもあります。そうした地域では、上流の国と下流の国で水をめぐる争いが起こることもあります。上流に位置する国がダムなどをつくると、下流の国へ流れる水の量が減り、雨が降らない日が続いたときに、水が足りなくなります。

No. 2

単元｜小学4年｜住みよいくらしをつくる

電力不足を解決するにはどうすればいい？

関連するSDGsの目標

問題を知ろう

電気をつくる資源が不足している

夏や冬に、「電力不足になります」というニュースを目にしたことはありませんか？　気温が高くなったり低くなったりすると、エアコンを使う人が増えます。大型のスーパーマーケットには、冷凍の棚に商品がたくさん並びます。大きな会社の工場では、エアコン（空調）や自動ドア、エレベーターなどの設備があり、多くの電力が使われています。もし、電力が足りなくなったら、日々の生活で困ることが増えます。

電力不足になる原因は、電力のもとになる資源が少なくなっていることです。これは日本をふくめた世界全体の問題でもあります。

写真提供：毎日新聞社

2022年３月に政府から「電力需給ひっ迫警報」が出され、家電量販店では節電のために展示用テレビの多くの電源が切られました。

夏になると気温が40℃を超える地域もあり、冷房は欠かせません。電力不足になると、エアコンが使えなくなり、命の危険が出てきます。

原子力発電の停止と代わりの電力

日本で電力をつくるおもな方法は、火力発電と原子力発電です。火力発電で使う石油や天然ガス、石炭といった資源は、日本ではあまりとれません。そのため、外国からの輸入に頼っています。輸入ができなくなったら、電力がつくれなくなってしまいます。

原子力発電で使う資源のウランは世界各地でとれるため、輸入ができなくなる可能性は低く、日本のおもな電力のひとつでした。ところが、東日本大震災で原子力発電所が壊れて放射能がもれ出したことで、日本は原子力発電をいったんやめました。

ただ、原子力発電に頼らないと電力不足になってしまうという考え方もあり、国の審査を受けて安全と確認できた原子力発電所から動かしはじめています。

どうすれば、不足する電力をおぎなうことができるでしょうか？

出典：資源エネルギー庁「エネルギー白書2023」

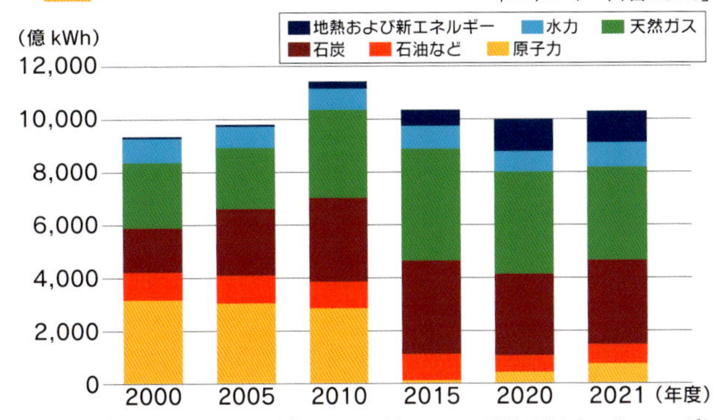

東日本大震災が起こる前の2010年まで、総発電量に占める原子力発電の割合は25～30%でしたが、その後ゼロになり、2021年度は6.9%となっています。太陽光発電や風力発電といった新エネルギー発電の割合は、2010年度は2%でしたが、2021年度は12.8%に増えています。

キミならどう解決する？

日本の発電方法は、火力と原子力がメインだったってことを知らなかった。ほかの発電方法をもっと考えないといけないね。

大きなプロペラを回して発電しているところを見たことがあるわ。風が強い場所があるから、もっと増やしてもいいんじゃないかしら。

人にも自然にもやさしい再生可能エネルギーっていうのを聞いたことがあるわ。どんなエネルギーがあるのかな。

解決に向けた取り組み①

大学で進むネット・ゼロ・エネルギー

電力をつくる方法のひとつである火力発電は、石油や石炭を燃焼させて発電することから、二酸化炭素などの温室効果ガスが大量に発生します。また、原子力発電は安全性の確認が必要となっています。そこで、太陽光発電や風力発電、地熱発電などでつくられる再生可能エネルギー*が注目されています。これらの発電方法は、二酸化炭素などの温室効果ガスの発生が少ないという特徴があります。

再生可能エネルギーを取り入れる企業や施設も増えており、千葉商科大学では校舎の屋上や施設内にたくさんの太陽光パネルを設置して、必要な電力をまかなっています。ほかにも、キャンパス内では、ぶどう畑に支柱を立てて太陽光パネルを設置し、発電と農業を同時に行うソーラーシェアリングを行っています。

千葉県野田市の大学の敷地には、1万1,000枚以上の太陽光パネルを並べたメガソーラー野田発電所があり、発電した電力を東京電力に売り渡しています。千葉商科大学は、キャンパス全体で消費するエネルギー（電力とガス）と発電する電力が差し引きゼロになる「ネット・ゼロ・エネルギー」をめざしています。

*再生可能エネルギーとは、太陽光や風、地熱などの自然に存在するものを資源として発電して得られるエネルギーのことです。

写真提供：千葉商科大学

千葉商科大学の校舎の屋上に設置された太陽光パネル。屋上で発電された電力はキャンパス内で使われています。

写真提供：千葉商科大学

野田市にある千葉商科大学のメガソーラー野田発電所は、もともと野球場だった4万6,781㎡の敷地に建設されました。

豆知識　住宅にも設置されるようになった太陽光パネルは、法律で定期的なメンテナンスが義務化されています。太陽光パネルは25～30年で使えなくなるとされており、整備が必要なのです。

解決に向けた取り組み②

「エネルギー島」の風力発電

再生可能エネルギーは、世界各国で導入が進んでいます。なかでもデンマークは、2050年までに温室効果ガスの排出を実質ゼロにする「カーボンニュートラル」*の達成をめざしています。

デンマークでは、より環境によい資源を使った発電にするため、風力発電を進めています。本土から180kmほど離れたボーンホルム島と、デンマーク沖約80kmの地点の人工島の２つを「エネルギー島」とする計画が進んでいます。周辺の海には数百基の洋上風力発電機が建設される予定で、「エネルギー島」の施設とデンマーク本土が結ばれるようになります。

デンマークでは、「エネルギー島」から送られる電力で国内の電力すべてをまかなう「発電自給」をめざしています。さらに、再生可能エネルギーへの切り替えが難しいとされる船や飛行機の燃料も、「エネルギー島」の電力でまかなうことが計画されています。

また、デンマークの「エネルギー島」を見本にして、ベルギーでも、「エネルギー島」の建設計画が進んでいます。ベルギー北西部のオーステンデ沖に数百基の洋上風力発電を設置し、広さ５万㎡の人工島を建設して、2030年から送電が開始される予定です。

国を超えての再生可能エネルギー導入は、世界でこれから増えていくかもしれません。

*カーボンニュートラルとは、二酸化炭素（CO_2）、メタン、一酸化二窒素（N_2O）、フロンガスをふくむ「温室効果ガス」を対象としたものであり、二酸化炭素などの排出量から吸収量と除去量を差し引いた合計をゼロにすることです。

デンマークで建設されている「エネルギー島」のイメージ図

©State of Green

デンマークが建設する「エネルギー島」は広さ約12万㎡で、風力発電によって300万世帯分の電力が生み出される予定です。島には港やヘリポート、エネルギー貯蔵システム、高圧直流送電設備などが建設されます。

ベルギー政府が計画中の「エネルギー島」

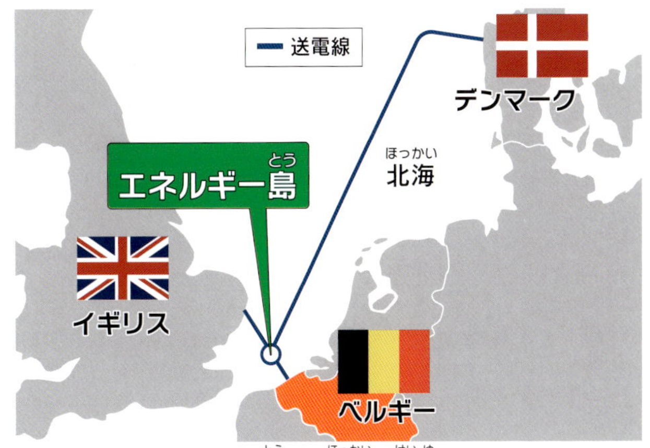

ベルギーの「エネルギー島」は北海を経由してイギリスやデンマークと送電線でつながり、たがいに電力を送れるようになる予定です。

クイズ 再生可能エネルギーのひとつに、マグマで熱せられた熱水や蒸気を地中深くから取り出して発電する地熱発電があります。地熱発電量が世界一の国はどこでしょう？　①アメリカ　②スイス　③日本

解決に向けた取り組み③

二酸化炭素排出量が実質ゼロのバイオマス発電

再生可能エネルギーのひとつに、バイオマス発電があります。バイオマスとは、植物や動物から生まれた再生利用できる資源のことです。

バイオマス発電で使われるのは、建築の廃材などの木質、サトウキビやトウモロコシ、生ゴミや家畜の糞尿などです。これらを燃やすため、二酸化炭素を排出します。

バイオマス発電の燃料になるのは、自然にあるものです。たとえば、間伐材や木材のくずなどからつくられた木材ペレットは、バイオマス発電所で燃やされて発電に使われます。

ではなぜ、再生可能エネルギーといえるのでしょうか。バイオマス発電で排出する二酸化炭素は、資源となる植物が生長のために吸収してくれた二酸化炭素と同じ量とみなすことができます。そのため、二酸化炭素はプラスマイナスゼロとなります。植物はふたたび生長していくため、再生可能となるのです。

日本でも、このバイオマス発電の導入が進んでいます。福島県いわき市にある「福島いわきバイオマス発電所」は、国内最大級のバイオマス専用の発電所です。2022年から運転が開始され、年間に約25万世帯分の電力を発電しています。

福島県がバイオマス発電に取り組むきっかけとなったのは、東日本大震災でした。原発事故を受けて、原子力のみに頼るのではなく、再生可能エネルギーを推進しました。

これからは、県内の多くの電力を再生可能エネルギーでまかなうことを目標としています。この取り組みは、日本の再生可能エネルギー普及へのきっかけになると期待されています。

バイオマス発電のしくみ

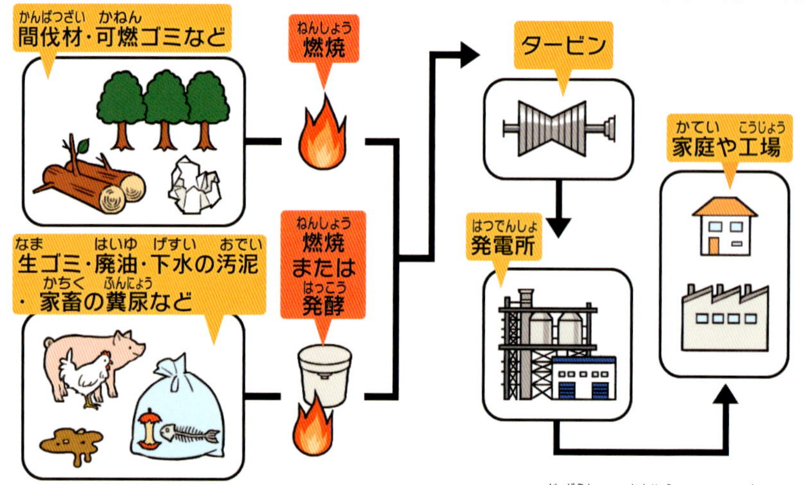

トウモロコシなどからつくられたバイオエタノールは、自動車の燃料として使われています。発電の方法は、材料によってちがいます。木質など乾燥しているものは直接燃やして発電します。そのほかの材料は、燃やしたり発酵させたりしてガスをつくり、ガスを燃やして発電します。

クイズの答え　①アメリカ。地熱発電量の１位はアメリカで、日本は10位です。なお、地熱の資源量を見ると日本は世界で３番目に多く、活用が期待されています。

わたしたちにできること

燃料となる資源がとぼしい日本にとって、電力をどう確保するかは重要な課題です。現在は原子力発電がほぼ停止され、火力発電への依存が続いています。今後は複数のエネルギー源を組み合わせ、環境に負担をかけず、効率よく、安定した形で電力を確保していく必要があります。バランスのとれたエネルギー政策が求められているのです。

S+3E

日本のエネルギー政策の基本となるのが、S＋3Eです。安全性（Safety）を大前提とし、安定供給（Energy Security）、経済効率性（Economic Efficiency）、環境適合（Environment）の3つのEを同時に達成することをめざしています。

僕の家のエアコンは、「昨日の電気代を超えました」などと使用量を教えてくれるよ。毎日の生活で省エネを意識していくことが大切だと思う。

今ではいろいろな発電の方法があるのね。うまく配分して使うのがよさそうね。

「S＋3E」では、具体的な方針が示されています。世界でも、エネルギーのあり方が見直されています。私たちにできることは、エネルギーをむだにしないようにすることですね。

自然の中で、ほかにエネルギーになるものはないかな。そういう研究をしてみたい。

広げよう深めよう

国連の呼びかけにより、世界各国では今、「1.5℃の約束-いますぐ動こう、気温上昇を止めるために。」というキャンペーンを展開しています。くらべるのは、工業からの二酸化炭素排出が増えた産業革命（18〜19世紀）以前の気温です。すでに1.1℃上昇していて、あと0.4℃の上昇に抑える必要があります。気温上昇は、豪雨や干ばつなどの異常気象、食料不足、健康被害など、深刻な影響を与えます。二酸化炭素などの温室効果ガスを減らすために、私たちにできることを考えてみましょう。

No.3

単元｜小学6年｜世界の中の日本

開発途上国でインフラを整備するにはどうすればいい？

関連するSDGsの目標

問題を知ろう

広がるインフラギャップ

2022年、世界の人口は80億人を超えました。とくにアジアやアフリカの一部の開発途上国では、急激なペースで人口が増え続けています。人が増えると、電気や水がたくさん必要になり、発電所やダムが必要になります。鉄道や道路を整備し、病院や学校を増やすことも必要です。こうした私たちの暮らしの土台となる施設のことを、インフラといいます。

世界銀行では、人口1人あたりの国民総所得が1万2,235ドル以下の国ぐにを開発途上国と呼んでいます。これらの国ぐにには、整備しなければならないインフラがたくさんあります。

ところが、開発途上国では使えるお金が限られているため、すべてのインフラを整備することが難しくなっています。必要な量と実際の施設の量に差がある状況を、インフラギャップといいます。

新興国・途上国におけるインフラ需要・投資の将来予測（2014～2020）

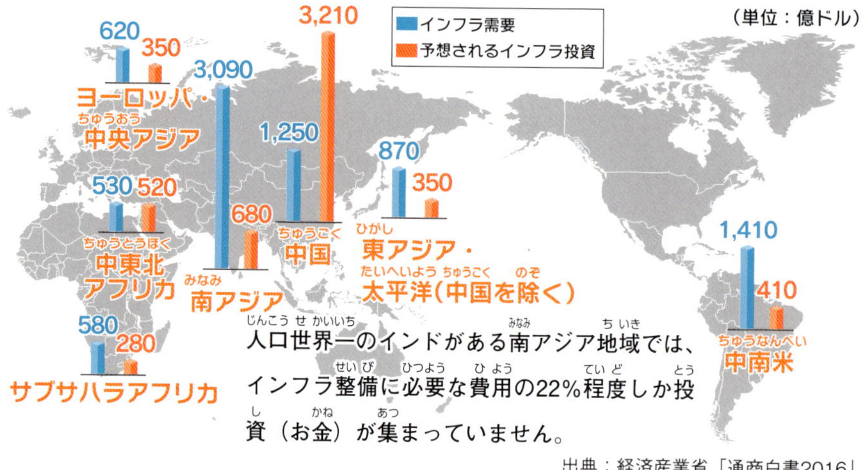

人口世界一のインドがある南アジア地域では、インフラ整備に必要な費用の22%程度しか投資（お金）が集まっていません。

出典：経済産業省「通商白書2016」

日本やアメリカのような先進国や大企業は、お金を出して開発途上国のインフラ整備を助けています。

都市人口の増加と農村人口の減少

開発途上国以外でも、インフラ整備の問題が起こることがあります。都市に人口が集中してしまうからです。都市には働く場所がたくさんあり、お店も多くて生活が便利です。ただ、移り住む人が多すぎると、トイレや水道の整備が追いつかなかったり、ゴミが増えて処理に困ったりすることがあります。

反対に、人口が減ってしまう農村では、税金を納める人が少なくなり、インフラが整備できなくなってしまいます。

計画的にインフラを整備し、社会を発展させるためには、どうすればよいでしょうか？

世界の都市人口と地方（農村）人口の割合

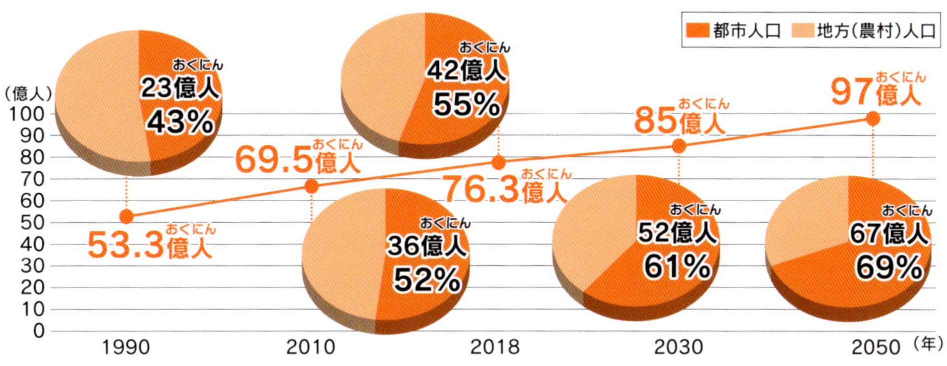

出典：Advantage or Paradox? The challenge for children and young people of growing up urban, UNICEF, 2018

世界を見ると、都市に住む人口が2018年は55%でした。それが、世界全体の人口の増加と、地方からの流入によって、2050年には69%にまで増えることが予想されています。都市と地方（農村）の両方で、インフラの整備が必要です。

キミならどう解決する？

水洗トイレがなかったころは感染症が流行ったって聞いたことがある。健康第一だから、まずはトイレを整備してあげてほしい。

日本はインフラをつくる技術がすぐれているって聞いたことがあるよ。日本の技術を海外に役立てることはできないのかしら？

電気が通っていないと困るよね。電線を引くのは大変だろうから、電気がないところに簡単に電気を届ける方法があればいいんだけど……。

日本や世界ではどんな取り組みをしている？

解決に向けた取り組み①

日本の会社がインドで高速鉄道を建設

インドでは、人口が急増して、自家用車を使う人が増えたことにより、環境被害や交通渋滞の悪化が問題となりました。そこで、高速輸送システム（地下鉄）を整備することになりました。日本で東京メトロを運行する会社の協力のもと、安全な運行や車両の維持管理についてのノウハウや技術が伝えられました。

毎朝決められた時間に集合することや、定められた工期を守る納期の重要性を伝えるなど、技術支援だけでなく、社会や経済の発展に必要な考え方も伝えられました。

写真提供：JICA

ヘルメットや安全靴の着用を義務づけ、工事現場内の整理整頓など、安全の概念も定着させています。

解決に向けた取り組み②

日本の技術を生かした護岸工事

ラオスの首都ビエンチャンも、人口が増加しています。近くを流れるメコン川では、雨季（雨がよく降る季節）に洪水が発生し、沿岸の土地が大きく削られるという深刻な被害が出ました。

そこで日本政府は、ODA（政府開発援助）の一環として、粗朶沈床を用いた護岸工事を行いました。粗朶沈床とは、堅くて強い材質の木材を束ねて格子状に組んだものを川にしずめ、川底や川岸が削られないようにする日本の伝統技術です。

工事は安く行えることから、技術が伝わればラオスが自国の予算でまかなうことができます。

写真提供：JICA

竹を組んだいかだを浮かべ、その上で粗朶を制作します。完成したらいかだを引き抜いて、その場所にしずめます。竹がたくさんとれるラオスならではの工法です。

豆知識　粗朶沈床は、明治時代のはじめにオランダ人技師のエッシャーとデ・レイケが伝えた技術です。大阪の淀川の工事で採用され、それ以降、日本各地の河川の工事で採用されています。

解決に向けた取り組み③

JICAによるトイレの設置

私たちの通う学校には、トイレがたくさんあります。しかし、世界にはトイレのない学校に通う子どもが約３億6,700万人もいます。人口が増え続けているサハラ砂漠より南のアフリカの国ぐにでは、約70％の人々がトイレを使用できず、屋外で用を足しています。

そこでJICA（国際協力機構）は、トイレづくりのサポートをしています。モザンビークでは、学校に障がい者や女子生徒も使えるトイレをつくりました。

写真提供：JICA

モザンビークで新しくつくられたトイレは、目隠しのための壁が高くなっていたり、個室にとびらがついていたりと、利用する人のプライバシーが守られるような設計になっています。

解決に向けた取り組み④

日本メーカーの浄化槽で汚水対策

人口が増加しているフィリピンのバギオ市は、丘の上にあることから、下水道を市内にはりめぐらせることが難しい状況でした。そのため、代わりとなる汚水処理の方法を探していました。

日本のフジクリーン工業という会社が、JICAとともにバギオ市を調査しました。フジクリーン工業は、水をきれいにする浄化槽を設置し、川をきれいにすることを提案しました。

バギオ市の市長は、この浄化槽に強い関心を示しました。

画像提供：フジクリーン工業

一般家庭やオフィスなどの生活排水

一部の水は循環される

水の流れ

汚れた水

微生物が窒素を除去

微生物が有機物や窒素を分解

きれいな水

浄化槽の中では、汚水の中の固形物をろ過材に沈着させて処理しています。

クイズ インフラ設備が十分に整っていない状態で生活している人のうち、とくに不安定な電力の中で暮らす人は、世界に何人いるでしょう？　① 9,000万人　② 3億人　③ 26億人

解決に向けた取り組み⑤

電気を届けるビジネスモデルを提供

アフリカ東部のタンザニアには、まだ電気が通っていない地域があります。そこで暮らす人たちは、携帯電話を充電するために電気のある街まで移動していました。

日本のWASSHAという会社は、タンザニアに電気を届けるサービスを行っています。まずキオスクという現地の個人商店に、ソーラーパネルやバッテリー、携帯電話の充電器を貸し出しました。キオスクは現地の人たちに向けて有料で充電器を使えるようにしたり、LEDランタンを貸し出したりしています。ビジネスとして成り立たせることで、WASSHAがいなくなったあとも、現地の人だけで電気を届けることができると考えています。

電気がない地域では、もともと灯油ランプが使われており、灯油がなくなると真っ暗になっていました。LEDランタンは、少ない電力で長く使えるため、夜の活動がしやすくなりました。

解決に向けた取り組み⑥

発電所を近代化する

中央アジアのウズベキスタンも、人口が増加している開発途上国です。この国では、電力の75%が火力発電によってまかなわれています。火力発電所が建てられて40〜50年以上経つため、発電の効率が悪くなっていました。ウズベキスタンは近年、工業がさかんになっており、必要な電力が足りないため、発展のさまたげになっていました。

そこで日本政府は、ODAで資金を提供して発電設備を新しいものに更新するプロジェクトを進めています。現地の暮らしが安定し、産業が発展できるようにしているのです。

写真提供：JICA

ウズベキスタンのナボイ火力発電所２号機。日本の資金協力により、建設が進められています。

電化製品が増えている世の中では、電気の安定供給は生活の安定に欠かせません。

クイズの答え ③26億人。世界の人口の３分の１近くにあたる約26億人が、不安定な電力の中で生活しています。そのほか、約8億人は安定した水資源を得られない環境で生活をしています。

わたしたちにできること

インフラをつくるには、非常にたくさんのお金がかかります。とくに鉄道は、線路や車両を新しくつくる必要があるのでお金も時間もかかります。日本の鉄道会社では、古い車両や使わなくなった車両を、外国にゆずり渡す取り組みが行われています。整備が行き届いている日本の電車は、古くなっても使うことができるのです。

©Falk2 2018

アルゼンチンで走る日本の鉄道車両。名古屋市営地下鉄の車両が活躍しています。

日本も昔はインフラが整っていなかったけど、1964年の東京オリンピックを機にインフラを整備してきたよね。日本の企業が協力している海外のインフラを調べてみたいな。

トイレをつくることで、子どもたちの生活がよくなるのなら、私も協力したい。国際機関で働くのもひとつの方法だと思ったわ。

人口が多い国や地域で、新しくインフラをつくるのは、簡単ではありません。日本からの支援や現地の人の協力によって、安心して暮らしていける社会づくりが進んでいるのですね。

電気が通っていない地域に電気を通すのは大変だけど、LEDランタンを使ってもらう方法なら簡単に実現できるね。僕も新しい方法を考えよう。

広げよう深めよう

日本は、ODAで外国に技術や資金を援助しています。日本にはどんなメリットがあるのでしょうか。海外での仕事が増えれば利益もアップします。海外の事業ではメンテナンスが必要となるため、仕事が長く続くことになります。また、インフラの整備によって環境問題の解決につながり、日本の評判もよくなります。海外の人々の暮らしをよくするODAには、大きなメリットがあるのです。

No. 4

単元｜小学4年｜住みよいくらしをつくる

日本で水道やガスが使えなくなるかも。どうすればいい？

関連するSDGsの目標

問題を知ろう

古い水道管が破裂する

私たちがふだん当たり前のように使っている水道やガスは、1960年代に集中的に整備されました。そのとき設置された水道管やガス管の老朽化が、今問題になっています。それらは破裂することがあるため、法令で決められた耐用年数が過ぎるころには、新しいものに交換しなくてはいけません。

日本全国の水道管は合計で約74万km（2021年度）もあり、その約５分の１にあたる約16万kmは耐用年数を過ぎています。ところが、耐用年数を過ぎていても交換できていない水道管がたくさん残っているのです。一部の地域では、ある日突然、水道管が破裂する事故が起こっています。

どうすれば、こうした問題を解決できるでしょうか？

突然、水道が使えなくなると、料理、洗濯、入浴ができなくなってしまいます。

国土交通省近畿地方整備局ホームページより

2021年、和歌山市では水管橋が崩落し、約６万戸が１週間ほど断水してしまいました。崩落した水管橋に並行する県道の橋に、仮設の水道管が設置されました。

ライフラインと空き家問題

最近は、少子高齢化が進んだことから、全国で空き家が増えています。住む人が亡くなったあと、そのままになっている家やマンション、入居者が集まらずに空き部屋だらけになっているアパートもあります。都市でも地方でも空き家が増えると、水道やガスなど私たちの暮らしに欠かせないライフラインの管理や更新が問題となります。

自治体は、より多くの人が住む地域のライフラインを優先して管理・更新するからです。空き家が多く、人が少ない地域はあとまわしになったり、そのまま放置されたりするのです。

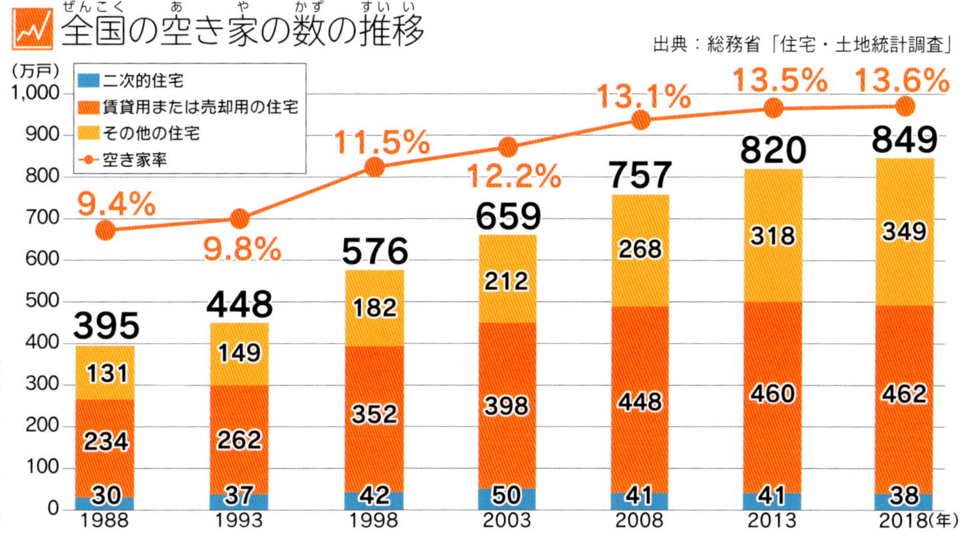

1998年から2018年までの20年間で、空き家の数は1.5倍になりました。二次的住宅とは、ふだんは人が住んでいない別荘などのことです。

キミならどう解決する？

壊れそうなところを見つけて、順番に交換していけばいいんじゃないの？地中にある水道管がどうなっているか調べることはできないのかな。

水道の管理や更新にお金がかかるなら、いくつかの自治体が協力してお金を出し合えばいいんじゃない？

空き家が増えるのは問題だね。家賃を安くしたり、リフォームしたりして、できるだけきれいな状態にすれば、住みたい人も出てくるんじゃないかな。

解決に向けた取り組み①

自治体と企業が協力して水道を管理

これまで水道の管理や更新などをするのは、市町村などの自治体の仕事でした。空き家が増えると、水道を使う人が減るので、水道料金だけで水道の管理（運営や点検など）や更新を行うことが難しくなります。

さらに近年は多くの水道管の老朽化が進み、費用がかかるようになりました。そこで2019年から、水道の管理と更新について、民間の力を借りられるように法律が改正されました。

宮城県では、「みやぎ型管理運営方式」によって、上水道や下水道の運営の一部を民間の会社にまかせることにしました。運営にかかる費用を削減し、更新する費用に回すことができます。安全面を県が管理すれば、県民は安心して水道を利用できます。

みやぎ型管理運営方式（2023年5月1日現在）

◉水道用水供給事業（25市町村）

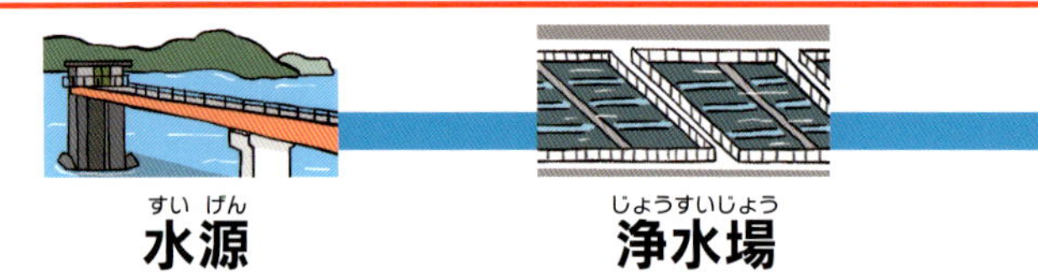

◉工業用水道事業（74事業所）

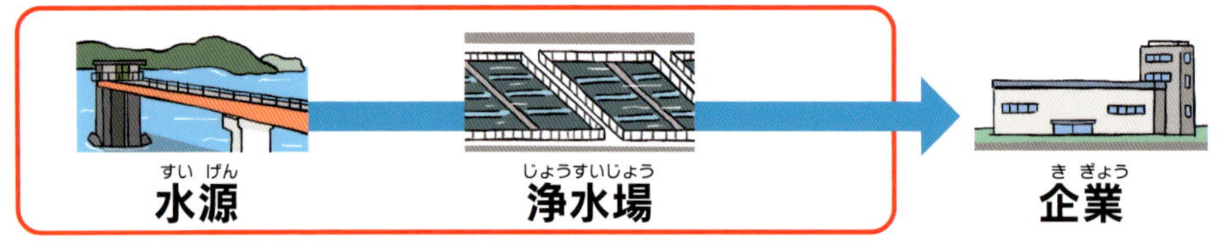

◉流域下水道事業（26市町村※） ※みやぎ型管理運営方式の対象は21市町村

赤い線で囲まれた部分が、民間の会社にまかされました。家庭用の水を送る水道用水供給事業、工場で使う水を送る工業用水道事業、家庭で使用された水を流す流域下水道事業があります。水道管と浄水場を一括して管理してもらうことで費用を大幅に削減でき、長期的に安定して水道が維持できます。

豆知識 水道の管理・更新をすべて民間の会社にまかせているヨーロッパなどの国ぐにでは、水道料金の値上がりや水質の悪化によって、自治体の管理に戻されたケースもあります。

解決に向けた取り組み②

AIとビッグデータで水道管の劣化を予測

地面の下にある水道管がどのくらい劣化しているのかを調べるため、これまでは、超音波やエックス線などを使った特殊な検査をしていました。この方法では、劣化している水道管を新しい水道管に更新したあとも、しばらくしたらまた広い範囲を検査する必要がありました。これでは手間と費用がかかってしまいます。

AIやビッグデータを活用したソフトウェアを開発しているFracta Japanという会社は、AIに水道管の漏水例を学習させ、素材や使用年数などのデータと土地の状態や気候・人口などのデータを組み合わせて、水道管が壊れる確率をみちびき出しました。壊れる確率が高い水道管をしぼり込むことができれば、調査の費用と手間が大幅に削減できます。

現在、この劣化予測のサービスを活用する自治体が増えています。この会社では、ガス管の劣化予測サービスも開始しています。

画像提供：フラクタジャパン株式会社

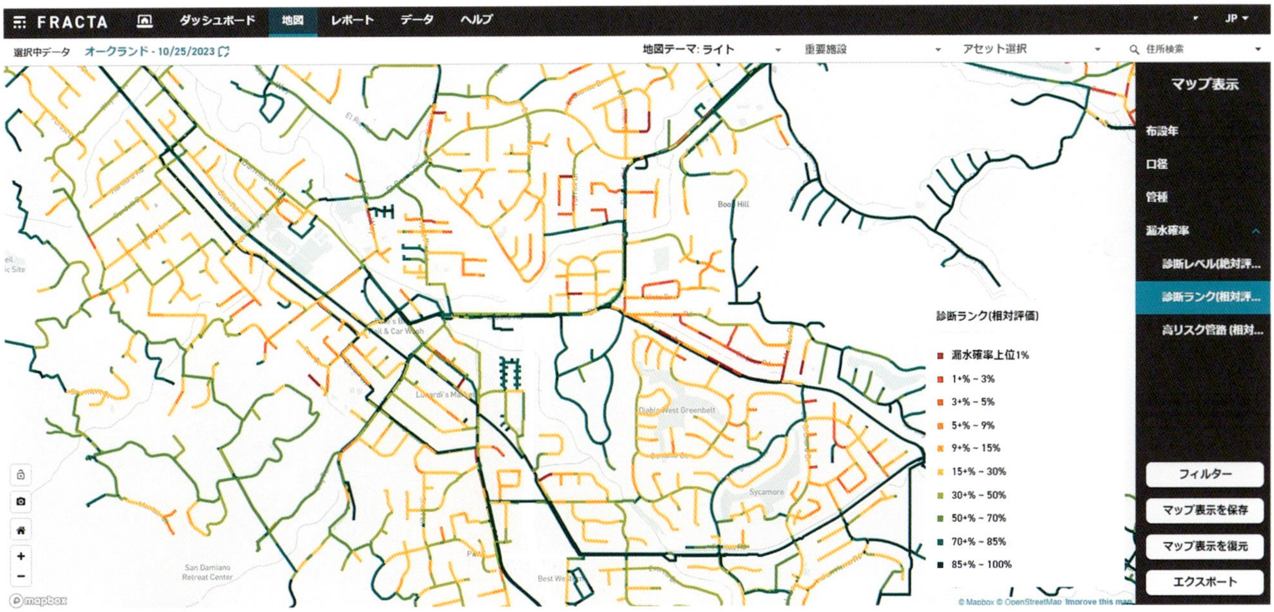

FRACTA　ダッシュボード　地図　レポート　データ　ヘルプ　JP
選択中データ　オークランド - 10/25/2023
地図テーマ: ライト　重要施設　アセット選択　住所検索
マップ表示
布設年
口径
管種
漏水確率
診断レベル(絶対評...
診断ランク(相対評...
高リスク管路 (相対...
診断ランク(相対評価)
漏水確率上位1%
1+% ~ 3%
3+% ~ 5%
5+% ~ 9%
9+% ~ 15%
15+% ~ 30%
30+% ~ 50%
50+% ~ 70%
70+% ~ 85%
85+% ~ 100%
フィルター
マップ表示を保存
マップ表示を復元
エクスポート
© Mapbox © OpenStreetMap Improve this map

Fracta Japanが開発したオンラインサービスでは、地図上に老朽化の度合いが色付きで示され、一目でわかります。この情報を参考に、各水道事業者は更新の計画を立てて、実行していきます。

地面の下を調べなくても、壊れる確率が高い場所から順番に水道管を更新していけるんだね。

クイズ 水道管の法定耐用年数は何年でしょう？
①50年　②45年　③40年

解決に向けた取り組み③

空き家を減らすマッチング事業

現在の日本は、家に住んでいる家族などの数（世帯数）より住宅の数のほうが多い状態です。空き家の増加によって、地域の治安や景観が悪化したり、災害で家が壊れたときに解体が遅れたりするなどの問題が心配されます。

LIFULLという不動産会社では、各自治体が管理する空き家と人と住みたい人とをつなげる取り組みを行っています。

たとえば、移住を希望する人はLIFULL HOME'Sというウェブサイトなどを通じて希望に合う家を探します。いい物件が見つかれば、自治体を通して利用申込みをします。

空き家バンク制度

空き家の所有者

①空き家を募集

②空き家を提供

各自治体

＋

宅建業者など

③情報提供

④利用申込み

空き家の利用希望者

自治体は空き家を「売りたい」「貸したい」人と仲介契約をして、空き家情報を公開します。「買いたい」「借りたい」という人が申し込むと、宅建業者を通じて自治体との利用契約が結ばれます。

解決に向けた取り組み④

ライフラインを整備して移住者を増やす

一般社団法人移住・交流推進機構では、日本国内で移住を促進する事業を行っている地域を紹介し、その魅力を伝えています。田舎暮らしというと、自然豊かな場所でのんびり暮らすというイメージがある反面、ライフラインがきちんと整備されているのかという心配もあります。

とくに、下水道が整備されていない地域では、汚水処理の問題が出てきます。日本全体の下水道普及率は81％で、20％に満たない県もあります。

岡山県和気町は、人口約１万4,000人で大きな町とはいえませんが、下水道普及率は100％です。ライフラインの整備を売りにして移住者を増やしています。

使われなくなった住宅は、老朽化が進んでしまい、再度入居するのが難しくなります。定期的にメンテナンスをして、住宅を維持することが必要です。

クイズの答え　③40年。厚生労働省は40年を過ぎた水道管をいっせいに更新するのは難しいとして、その後20年以内に更新が必要と示しています。

わたしたちにできること

私たちの生活に欠かせないのが、水道やガスなどのライフラインです。自宅に水やガスが届くまで、どのようなところを通ってきているのか、調べてみましょう。施設を見学したり、そこで働いている人に話を聞いたりすることで、ライフラインの維持に関する課題を知ることができます。見学会を行っている施設もありますので、夏休みなどに行ってみてはいかがでしょうか。

水道事業に親しみを持ってもらうために、浄水場を親子で見学できるイベントを開催している自治体もあります。

将来は、水道の維持にお金がかからない設備を開発して、ずっと水道を使い続けられるようにできたらいいな。

地中にもぐって自動で水道管を更新してくれるロボットとか、今なら開発できそう。いろいろな会社がコラボして課題を解決できたらいいね。

日本での事例を紹介してきましたが、海外でも同じような問題が起こっています。どのような対策をしているか調べてみましょう。

空き家をなくすことがライフラインの維持につながるんだね。僕も大人になったら、人口の少ない地域に移住しようかな。

広げよう深めよう

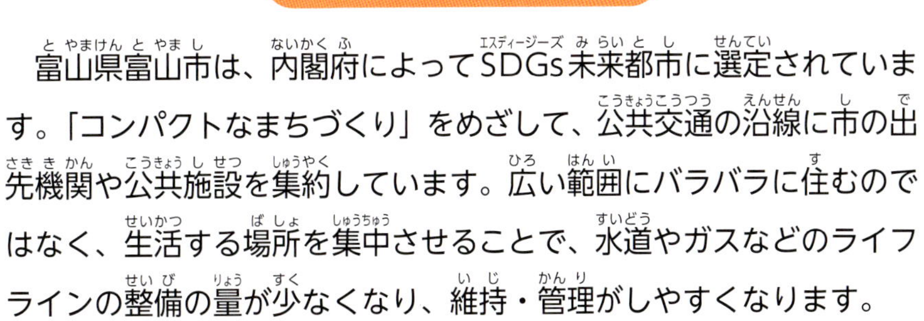

富山県富山市は、内閣府によってSDGs未来都市に選定されています。「コンパクトなまちづくり」をめざして、公共交通の沿線に市の出先機関や公共施設を集約しています。広い範囲にバラバラに住むのではなく、生活する場所を集中させることで、水道やガスなどのライフラインの整備の量が少なくなり、維持・管理がしやすくなります。

No.5

単元｜小学5年｜情報化した社会と産業の発展

インターネットをもっと活用するにはどうすればいい？

関連するSDGsの目標

問題を知ろう

インターネットが使えない人はまだまだいる

日本を始めとする先進国では、日常生活のさまざまな場面でインターネットを活用しています。日本での利用率は84.9%と高くなっていますが、住む場所のちがいや操作への慣れ具合には差があり、また障がいを持つなどの理由から、インターネットを活用できていない人も少なくありません。

世界を見ると、アラブやアジア諸国では人口の3分の2、アフリカでは人口の3分の1しか、インターネットを使える環境にありません。世界のどこでもインターネットが使えて、だれもが遠く離れた友だちとつながり、便利な暮らしができるようにするには、どうすればよいでしょうか？

インターネットを使える人と使えない人では、就ける仕事や受けられる教育、医療などで大きな格差が生まれます。

日本の年齢別のインターネット利用率（2022年）

出典：総務省「令和5年版情報通信白書」

年齢	利用率(%)
6～12歳	86.2
13～19歳	98.1
20～29歳	98.6
30～39歳	97.9
40～49歳	97.9
50～59歳	95.4
60～69歳	86.8
70～79歳	65.5
80歳以上	33.2

近年、日本では小学生のころからインターネットに触れる機会が増えているため、若い世代の利用率が高くなっています。70歳以上の世代になると、インターネットが世の中に広がったころにすでに40歳を過ぎていたため、利用率が低くなります。

開発途上国で利用率が上がらない理由

経済や技術がまだ十分に発展していない開発途上国でインターネットの利用が広がらないのには、いくつかの理由があります。一番大きな理由は、インターネットを導入するためのお金がないことです。インターネットを接続する通信設備は、大変なコストがかかります。貧しい国ではインターネットの通信ケーブルを通すことができません。

また、開発途上国では、インターネットを使いこなしたり、プログラミングを活用できたりする人が少ないという理由もあります。技術的なトラブルが発生したときに対応したり、ウイルス対策のシステムをつくったりするＩＴエンジニアも不足しています。

こうした課題をどう解決していくかも考えなくてはいけません。

世界の地域別インターネット利用率（2023年）

出典：ITU「Measuring digital development Facts and Figures 2023」

地域	利用率
ヨーロッパ	91%
CIS諸国	89%
南北アメリカ	87%
アジア太平洋	66%
中東	69%
アフリカ	37%
世界全体	67%

CIS諸国とは、アゼルバイジャン、アルメニア、ウズベキスタン、カザフスタン、キルギス、タジキスタン、ベラルーシ、モルドバ、ロシアの９カ国です。

全世界でのインターネットの利用率は67%です。ヨーロッパやアメリカ大陸はほとんどの人が利用していますが、人口の多いアジアやアフリカは利用率が低くなっています。

キミならどう解決する？

友だちの家に行ったとき、スピーカーに「電気をつけて」と言ったら勝手に照明がついて、びっくりしたわ。あのスピーカーがもっといろいろな場所で使えたらいいのにな。

インターネットがまだ届いていない地域には、お金を持っている国が支援して、設備を整えてあげるべきだよ。

学校ではインターネットを使った授業や、プログラミングの教育もスタートしているよね。そうやって、インターネットにくわしい人を育てればいいんじゃないかな。

解決に向けた取り組み①

声だけで家電を操作できる

アメリカのGoogleやAmazonは、インターネットと接続して、AIアシスタントという対話型のソフトウェアがついた「スマートスピーカー」を販売しています。

問いかけると、今日の天気や気温を知らせてくれたり、自分の予定を教えてくれたりします。家電製品とつなげることができ、声で指示をするだけで、エアコンをつけたり、録画している映画を見たり、音楽を聞いたりすることができます。

AIアシスタントは、スマートフォンやタブレット端末にも搭載されていて、指を使わずに声だけで操作することができるようになっています。

Amazonが開発した「Amazon Alexa」の場合、「Alexa」と呼びかけたあとに「テレビをつけて」などの指示をすると、つながっている機器が接続して動き始めます。

住宅メーカーのパナソニック ホームズは、インターネットと住宅を結びつける「IoT（Internet of Things）住宅」のサービスを始めています。このサービスでは、スマートフォンやスマートスピーカーを使って、家電だけでなく、家の鍵をかけたり、カーテンを開け閉めしたりすることができます。さらに、台風で警報が出たときに蓄電池が自動で充電を始めたり、シャッターを自動で閉めてくれたりする機能もあります。

これらの機能は、とくに高齢者や障がいを持つ人にとって利用しやすいといえるでしょう。

大雨や暴風などに備えて自動で蓄電池に充電します。停電しても電気が使えるため、安心です。

豆知識 IoT住宅では、ソーラーパネルと蓄電池、家電をつなげて動かすことができます。太陽が出ていれば、買う電気を減らして電気代を減らすことができます。

解決に向けた取り組み②

海底ケーブルでアフリカにインターネットを

アフリカでは、今も多くの人がインターネットにアクセスできません。そこで、海底ケーブルを使ってインターネットをつなげる取り組みが始まっています。

Metaという会社は、通信関係のさまざまな会社と連携して、ヨーロッパ、アジア、アフリカの３つの大陸を海底ケーブルでつなぐ計画をしています。この海底ケーブルの長さは、世界最大級の4万5,000kmとなる予定です。

海底ケーブルプロジェクトの状況（2024年3月現在）

アフリカ大陸をぐるりと囲むように海底ケーブルがしかれる予定です。

解決に向けた取り組み③

衛星を使えばどこでも教育や医療が受けられる

都市から遠く離れ、人口が少なく、学校や病院が少ない町では、適切な教育や医療が受けられない可能性があります。こうした町でもインターネットがあれば、問題を解決できるかもしれません。

宇宙旅行で有名なSpaceXという会社では、小型の衛星を使って電波を飛ばし、地上のアンテナを通してインターネットが使える「スターリンク」というシステムを開発しました。

スターリンクを活用すれば、近くに学校がなかったり、先生がその場にいなかったりしてもオンラインで授業を受けられます。また、病院に行かずに医師の診察を受けたり、悩みや不安を相談したりすることもできます。

衛星は雲のはるか上から電波を飛ばすので、アンテナさえあれば、災害が起こって建物が壊れてもインターネットにつながることができます。

クイズ 日本でインターネットが広がるきっかけとなった1995年のできごとは何でしょう。
①東京ドームの完成　②阪神・淡路大震災　③バルセロナオリンピック

解決に向けた取り組み④

ルワンダでプログラミング教育と人材育成

日本でインターネットに関連する人材育成サービスを提供しているダイビックという会社は、アフリカでプログラミングスクールを運営しています。2019年には、アフリカのルワンダに講師を派遣して、現地の若者にプログラミングを教えました。このコースを卒業したルワンダ人を中心とするアフリカチームが組織され、現地でプログラミング教育を進めています。

解決に向けた取り組み⑤

デジタル教材でプログラミングを学ぶ

文部科学省は、2019年に全国の児童や生徒が１人１台の端末と高速インターネットが使える「GIGAスクール構想」をスタートさせました。授業では端末を使って学習することが当たり前になり、これまで紙だった教科書のデジタル化も進んでいます。

2020年からは、小学校でプログラミング学習が始まりました。帝国書院という出版社の小学生向けのデジタル地図帳には、地図記号や方位などの地図の約束ごとと、プログラミングのしくみの両方が同時に学べる「プログラマップ」が搭載されています。

出典：帝国書院学習者用デジタル教科書・教材『楽しく学ぶ小学生の地図帳』

地図上にあるお宝を見つけるために、進む方向の指示を出しながらコマを進めます。これは、コンピュータ上でキャラクターを動かすプログラミングのしくみと同じです。

クイズの答え ②阪神・淡路大震災。1995年１月に起こった大地震で、ボランティアの人が海外の支援者とインターネットを通じてやりとりをしました。このことで、インターネットの便利さが広く知られました。

わたしたちにできること

インターネットが世の中で広く活用できるようになったことで、私たちの生活は大きく変化しました。情報を集めることやメールのやりとりだけでなく、毎日の暮らしにまで広がっています。スマートフォンひとつあれば買い物ができ、遠く離れた友だちと画面上で会うこともできます。

身近なことでインターネットを活用する練習として、家の手伝いをしてみましょう。たとえば、料理のつくり方の動画を見つけて、それを見ながら料理をつくるのはどうでしょうか。ぜひ、チャレンジしてみてください。

私は、学校の端末を使ってつながった人たちといっしょに、将来インターネットに関係する会社をつくりたい！

IoTのしくみをもっとくわしく学びたい。そして、いつか困っている人を助けるために役立つしくみをつくりたいな。

インターネットがつながっても、パソコンやスマートフォンがないと意味がないよね。僕は世界中にパソコンやスマートフォンを届けて、使い方を教える人になりたいな。

インターネットを使うためには、コンピュータを動かすためのエネルギーや、データを管理するためのデータセンターも必要です。地球上のすべての人がインターネットを使えるように、技術や資源を国どうしで共有していけるといいですね。

広げよう深めよう

ChatGPT（小学生は使えません）の出現で有名になった生成AIは、ひとりで考えるのではなく、AIと会話をしながらアイデアをふくらませたり、時間のかかる集計作業をまかせたりすることができます。みなさんが大人になったときは、今よりさらに進化した生成AIが、自分の考えを整理したり、よりよいアイデアを生み出したりするための「相棒」として使われているかもしれません。

単元｜小学5年｜わたしたちの生活と環境

災害に強い町づくりはどうすればできる？

関連するSDGsの目標

問題を知ろう

地震、台風……自然災害の多い日本

私たちが暮らしている日本は、自然災害がとても多い国です。国土がプレート（地球の表面を覆っている厚い岩石の層）の境界に位置するため、大きな地震がたびたび起こり、山がちな地形で火山の噴火もよくあります。また、季節風の影響を受けやすいことから、台風や豪雨の被害も毎年のように報告されています。

地震の規模を示す単位に「マグニチュード」がありますが、世界全体のマグニチュード６以上の地震のうち、約２割は日本の周辺で発生しています。また、国土面積は世界の0.25％しかないにもかかわらず、活火山は世界全体の約１割もある火山大国です。さらに、日本に接近する台風は、平均すると１年間に10個以上もあります。

世界のマグニチュード６以上の震源分布とプレート境界（2011～2020年）

出典：アメリカ地質調査所の震源データより気象庁作成

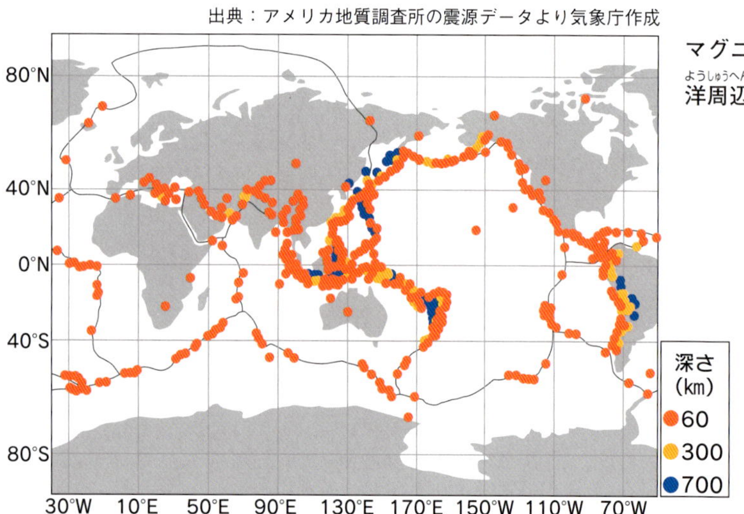

マグニチュード６以上の大地震は、日本をふくむ太平洋周辺のプレート境界付近で多く発生しています。

地震や台風など、毎年何らかの大きな災害がニュースで報道されていますね。予測することが難しい自然災害を防ぐ方法を考えていきましょう。

巨大堤防が破られた東日本大震災

岩手県下閉伊郡田老町（現・宮古市）では、明治時代と昭和時代に大きな津波が起こり、多くの犠牲者が出ました。そこで町では、1934年から防潮堤の建設を始め、1979年に高さ10m、長さ2.4kmの長大な防潮堤が完成しました。この堤防は、２階建ての住宅よりも高く、「万里の長城」とも呼ばれました。1960年のチリ地震津波では、被害を最小限に食い止めることに成功しています。

2003年、田老町は「津波防災の町」を宣言しました。ところが、2011年３月11日、東北地方太平洋沖地震（東日本大震災）による大津波によって、この防潮堤は破壊されてしまいます。田老地区では181人の死者・行方不明者が出ました。ふだんから避難訓練に力を入れ、さまざまな防災対策をしてきたにもかかわらず、「堤防があるから大丈夫」と言って避難をしなかった人もいたそうです。

大津波で壊れてしまった防潮堤。水が町に入り込んで、多くの建物が流されました。

想定を超えた津波災害に備えるためには、どうすればよいのでしょうか？

キミならどう解決する？

今は昔より津波の規模が大きくなっているかもしれないから、さらに巨大な堤防をつくる必要があると思うわ。

「津波がきたら必ず避難する」って、学校や地域の人みんなで決めておくといいよね。

災害は必ず起こるものだから、自分が住んでいる地域ではどんな災害が起こりやすいのか、避難場所や避難経路はどうなっているのかを知っておくことが大事だよね。

田老町の防潮堤について知ったうえで、どのように自然災害に対応すればよいかを考えていきましょう。

日本や世界ではどんな取り組みをしている？

解決に向けた取り組み①

ハザードマップで災害のリスクを知る

ハザードマップとは、自然災害による被害を予測し、いろいろな情報を色や線などで地図上にあらわしたものです。地域ごとに被害が予想される場所や規模、避難場所などが一目でわかるため、災害から身を守る助けになります。

ハザードマップには、洪水、地震、津波、高潮、土砂災害、火山などの種類があります。これらのハザードマップは、いくつかの方法で見たり、手に入れたりすることができます。

1つ目は、国土交通省の「ハザードマップポータルサイト」で確認することです。このポータルサイトでは、全国の自治体が作成した「わがまちハザードマップ」と、地図上に情報を重ねられる「重ねるハザードマップ」の2種類が用意されており、調べたい場所や災害の種別をチェックすることができます。

おもなハザードマップ

①洪水・氾濫ハザードマップ
台風や大雨で川が氾濫し、洪水が発生したときに、浸水が予想される範囲や浸水の深さ、どこに避難すればよいかなどが示されています。

②地震ハザードマップ
地震が起こったときに、地盤の揺れやすさや液状化現象が起こるリスク、倒壊する可能性がある建物の割合などがわかります。

③津波ハザードマップ
地震などの影響で起こる津波によって、浸水のリスクがある範囲や高台の津波避難場所、そこまでの経路などが示されています。

2つ目は、市区町村などに問い合わせる方法です。役所の窓口ではハザードマップを配布しており、自治体のホームページからも入手できます。

3つ目は、スマートフォンの防災アプリを活用する方法です。アプリの中には、「Lアラート（災害情報共有システム）」の情報を活用したものもあります。Lアラートとは、地元の自治体などが災害時の避難指示や避難所開設の情報などをウェブサイトなどで提供したり、防災アプリやメールで配信したりするものです。

こうしたアプリをダウンロードして必要な情報を登録しておくことで、災害時に最新の情報を受け取ることができます。

宮古市総合ハザードマップ（田老地区）

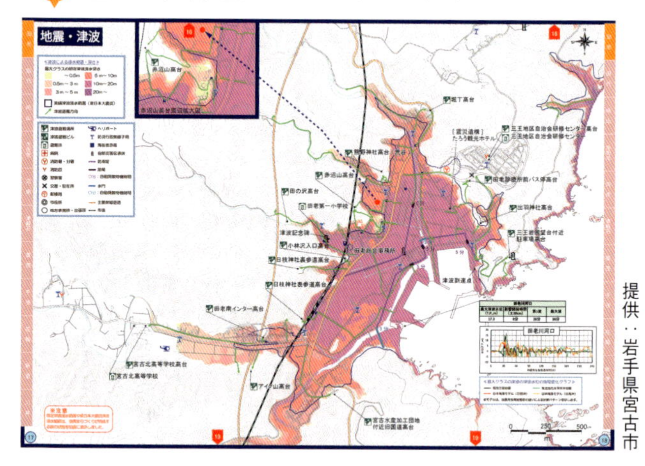

提供：岩手県宮古市

津波で浸水が想定される範囲と深さが色で示されています。濃い紫色の範囲は20m以上、薄い紫色は10〜20mというように、色が濃いほど浸水リスクの高い場所です。また、津波避難場所と避難経路は緑色で示されています。

豆知識　床上浸水は水害などで住宅の床面の上まで浸水した状態、床下浸水は床面より下に浸水した状態をいいます。国土交通省では、一般に床上浸水は地面から50㎝以上、床下浸水は50㎝未満としています。

解決に向けた取り組み②

水害に強いスーパー堤防の整備

大都市を流れる大きな河川では、堤防が決壊すると流域に大きな被害をもたらします。そこで国土交通省では、東京都や大阪府などの５水系６河川（利根川、江戸川、荒川、多摩川、淀川、大和川）で、想定を超えるような大洪水にもたえられるスーパー堤防の建設を計画・整備しています。

このスーパー堤防は、地域の町づくりとともに整備が進められており、河川の周辺には新しい町なみがつくられる予定です。

スーパー堤防のしくみ

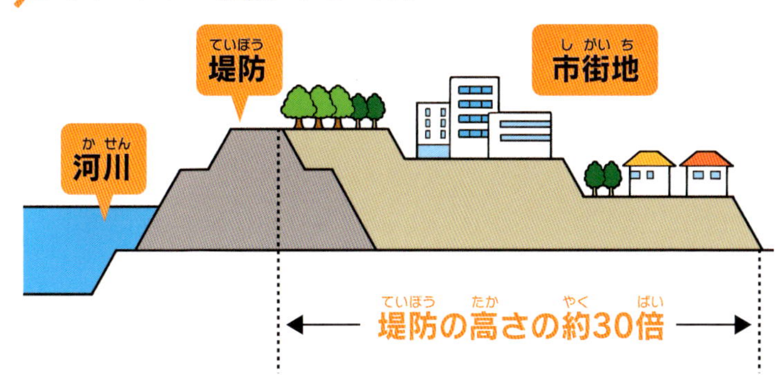

スーパー堤防は、普通の堤防にくらべて幅が広く（堤防の高さの約30倍）、勾配がなだらかです。盛土や地盤改良で堤防の幅を広くすることで、越水しても堤防上を水がゆるやかに流れ、堤防の決壊を防ぐしくみです。

解決に向けた取り組み③

地震に強い免震建物が増えている

地面の上に建つ住宅やビルなどは、地震が起こると揺れが地面から直接伝わって大きく揺れます。そこで近年では、地震に強い「免震建物」が増えてきました。これらの建物には揺れを減らす特殊な免震装置が使われています。地面の上に免震装置があり、その上に建物があるため、揺れが建物に伝わりにくい構造になっており、多くのハウスメーカーや建設業者がこの技術を取り入れています。

免震装置

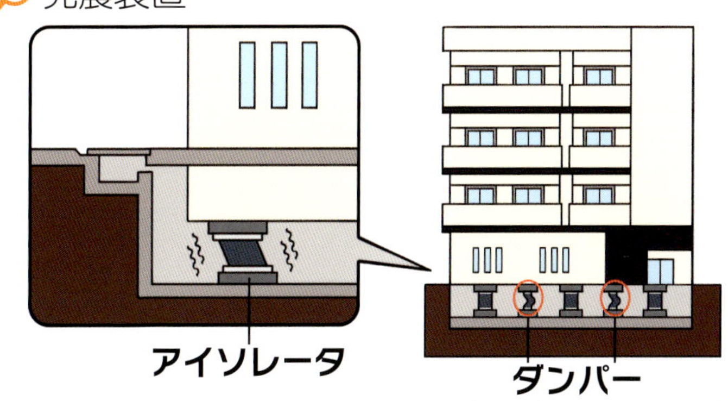

免震装置には、アイソレータとダンパーという装置が使われています。建物を支えるアイソレータは、地震のときに建物をゆっくりと移動させます。ダンパーは、いつまでも続く揺れを抑える働きをします。この２つの働きによって、揺れを大幅に減らすことができます。

クイズ
次のうち、亡くなった人と行方不明者がもっとも多かった災害はどれでしょうか？
①東日本大震災（2011年）　②関東大震災（1923年）　③熊本地震（2016年）

解決に向けた取り組み④

「マイ・タイムライン」を作成する

災害が起こったとき、自分や家族の命を守るために、一人ひとりが避難に備えた行動を決めておく防災行動計画のことを「マイ・タイムライン」といいます。

たとえば、東京都が配布している「東京マイ・タイムライン」では、風水害からの避難に必要な知識を身につけながら、マイ・タイムラインシートを作成することで、適切な避難行動を時系列に沿って整理できるようになっています。

家庭内で避難する場所や災害時の連絡方法を決めるなど、自分たちで災害に備えることを「自助」といいます。「東京マイ・タイムライン」は、東京都が「自助」を支援するために行っている取り組みです。これに対して、自分の家や近所で火災などが発生したとき、住民どうしが協力して消火・救助活動をしたり、困っている人を助けたりすることを「共助」といいます。「共助」のしくみは、地域や地区ごとに整えられています。

1995年の阪神・淡路大震災では、倒壊した家に閉じ込められた人の多くが、家族や友人、隣人、通行人によって救われました。2011年の東日本大震災でも、日ごろの地域活動によって住民どうしのつながりが深かった集落では、自主的な防災組織のリーダーが早めに避難するよう呼びかけ、犠牲者を少なくすることができました。

出典：東京都

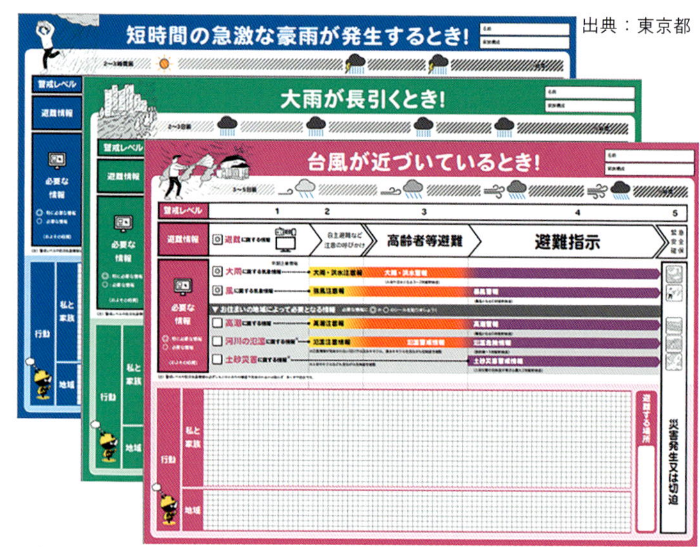

「東京マイ・タイムライン」には３種類のマイ・タイムラインシートがあります。家族で話し合いながら「『行動』シール」を貼って作成することで、いつ、誰が、何をするのかを確認することができます。また、アプリ版「東京マイ・タイムライン」もあります。

災害から身を守るには、自分自身や家族で備える「自助」、地域で助け合う「共助」、国や自治体が避難所を整備するなどの「公助」の３つが、それぞれ役割を果たすことが必要です。災害に強い町をつくるには、まず住民一人ひとりの意識を育てていかなくてはなりませんね。

クイズの答え
②関東大震災。関東大震災では約10万5,000人の死者・行方不明者が出ました。そのうち火災で亡くなった人は約９万人といわれています。当時は木造家屋が多く道幅も狭かったためです。

わたしたちにできること

東日本大震災では、大津波が襲ってきたにもかかわらず、岩手県釜石市内の児童・生徒の多くが無事でした。この事実は、「釜石の奇跡」と呼ばれています。なかでも、海からわずか500mほどの距離にあった、釜石市立釜石東中学校と鵜住居小学校の児童・生徒約570名は、地震発生と同時に全員がすみやかに避難し、押し寄せる津波から命を守ることができました。これは、長年積み重ねてきた防災教育の成果だといわれています。

津波に強い堤防をつくることは欠かせないけれど、自分たちでも地域の避難訓練に参加したり、防災バッグをつくったりして、ふだんから防災意識を高めておかなくちゃ！

インターネットで、「防災マップ」や「マイ・タイムライン」のサイトを見つけたわ。これを使って災害が起きたとき、どうするべきか家族で話し合っておきます。

「釜石の奇跡」では、この地域に昔から伝わる①想定にとらわれるな、②最善を尽くせ、③率先避難者たれ、という3つの教えが役立ったといわれています。これは全国の防災教育の参考になりました。

日ごろから、災害のニュースに関心を持つことも大切だね。被災した人たちのために自分に何ができるかを考えて、おこづかいを募金することにしたよ。

広げよう深めよう

自然災害が起こった際、被災地への支援を自発的に行うのが「災害ボランティア活動」です。がれきの撤去や清掃、物資の整理、心のケアなど、さまざまな活動があります。災害が起こったらすぐ現地に行くのではなく、まずはSNSやウェブサイトで被災地の状況を確認しましょう。衣服や道具、食料などはすべて自分で準備することも大切です。

No.7

単元｜小学5年｜わたしたちの生活と工業生産

大気汚染を食い止めるにはどうすればいい？

関連するSDGsの目標

問題を知ろう

ものを燃やすことで大気汚染物質が出る

夏になると、「光化学スモッグ注意報」や「PM2.5注意喚起」が発令されることがあります。

光化学スモッグとは、自動車の排気ガスや工場から出る煙にふくまれる成分が紫外線に反応してできる、「光化学オキシダント」という物質の濃度が上がって空気に「もや」がかかる現象です。

PM2.5は、自動車や工場、焼却炉などから排出されるばい煙（すすと煙）や、風によって巻き上げられた土などの細かいつぶです。

どちらも、おもに人間の活動によって発生し、大気汚染の原因となっています。大気汚染が広がると、人間を始めとする生き物の健康に悪影響をおよぼします。

自動車から出される排気ガス。 Sudarshan Jha/Shutterstock.com

発電所や工場から出る煙、自動車の排気ガスには、何種類もの有害物質がふくまれています。目や鼻、気管や肺などの病気の原因となります。

世界中で拡大する大気汚染

世界保健機関（ＷＨＯ）の報告によれば、PM2.5などによる大気汚染が世界中で拡大しており、世界の人口の約90％が汚染された大気の下で暮らしています。ドイツの研究では、そうした大気汚染が原因で、年間約880万人が死亡しています。

大気汚染が深刻な国や地域では、環境問題よりも経済の発展が優先されていることもあり、工場や自動車などが排出するガスの規制がまだ進んでいません。大気汚染を食い止めるには、どうすればよいでしょうか？

William Perugini/Shutterstock.com

石炭火力発電所から出る煙。

キミならどう解決する？

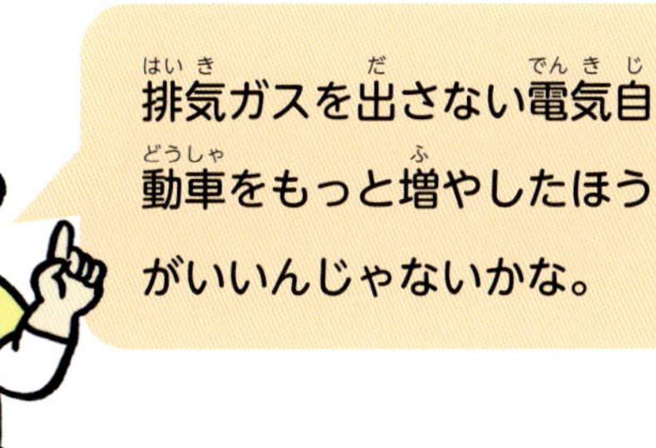

大気汚染の原因物質を出している国や企業に罰金を課したり、空気をきれいにするための費用を出してもらったりするのがいいと思うわ。

自動車の数を減らすために自家用車を規制して、バスや電車などの公共交通機関を充実させるべきだよ。

解決に向けた取り組み①

排気ガスを出さない自動車を生産

近年は、多くの自動車メーカーが、排気ガスを出さない電気自動車（EV）を生産しています。とくにヨーロッパでは、電気自動車を買うと手厚い補助金が出るという支援制度があったため、これまで順調に普及してきました。2023年には、ついに新車販売における電気自動車の割合がディーゼル車（軽油を燃料とする車）を上回ったほどです。

ただ、2023年末にドイツで補助金制度の終了が予定より早まったり、フランスでは補助金の出る電気自動車の基準が厳しくなったりするなど、ヨーロッパ各国で支援制度が弱まる動きがあります。そのため、今後もこれまでと同じように、電気自動車が広まっていくかはわかりません。

自動車を通して、排気ガスによる大気汚染を食い止めるために、電気自動車や水素自動車などの開発は引き続き進められています。

排気ガスを出さない・出す量が少ない自動車のしくみ

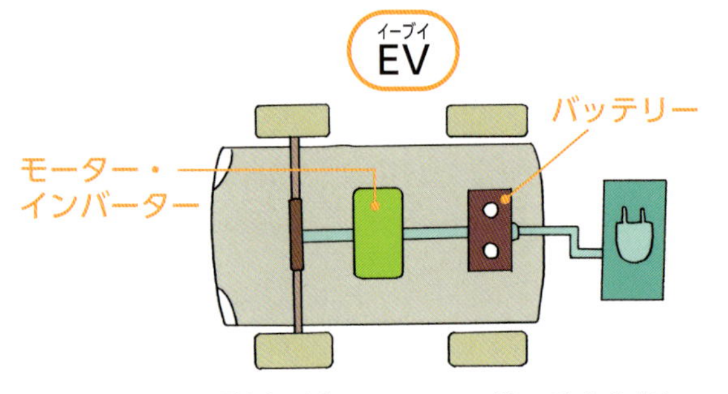

バッテリーの電力で動くモーターで走る電気自動車。

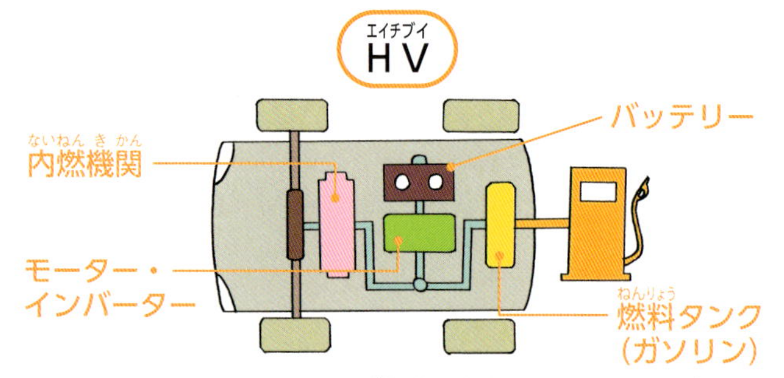

エンジンとモーターの２つの動力で走るハイブリッド自動車。

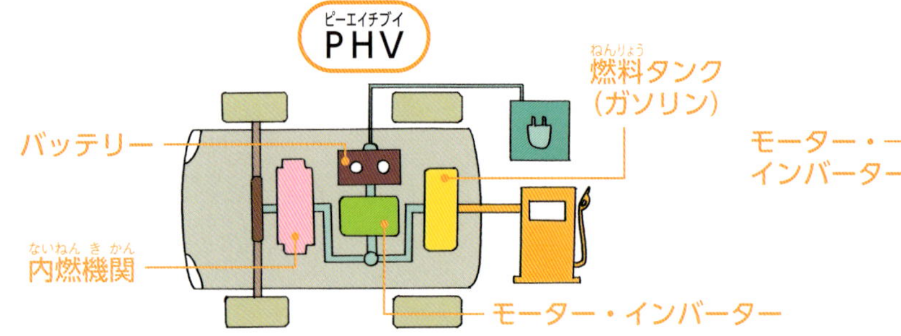

自分の家や充電スタンドで充電できるHVが、プラグインハイブリッド自動車。

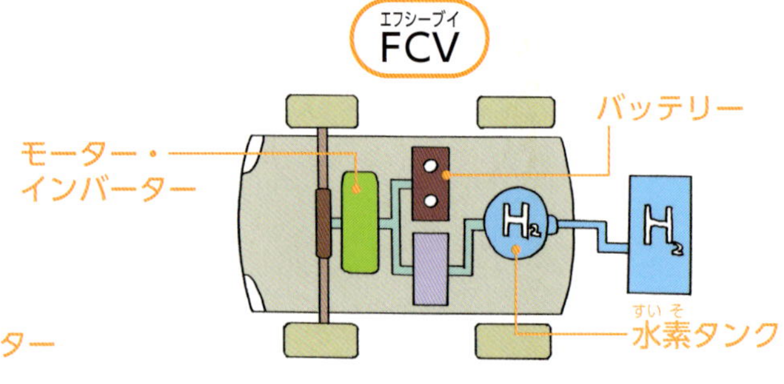

水素と酸素で発電してモーターを動かす燃料電池自動車。

豆知識 東京都は2003年から、都の環境確保条例で定めた粒子状物質排出基準を満たさないディーゼル車が都内を走ることを禁止しています。

解決に向けた取り組み②

排気ガス規制のスモッグチェック

大気汚染や、それが原因で起こる健康被害を減らすためには、車の排気ガス規制をする必要があります。

アメリカでは州ごとに独自の規制が定められていて、とくにカリフォルニア州では、２年ごとに排気ガス中の有害物質濃度の測定を義務づける「スモッグチェック」という厳しい規制があります。

また、ヨーロッパではEU（欧州連合）が規制を設け、排気ガス中の有害物質濃度の基準を厳しく制限しています。ヨーロッパでは今後、タイヤやブレーキが摩耗した際に出る粉じんも規制の対象になります。

The Image Party/Shutterstock.com

カリフォルニア州のスモッグチェックの案内板。製造から５年が過ぎた車は、２年に１度検査を受けることが義務づけられています。

解決に向けた取り組み③

環境に配慮した自動車利用を推進

しょうゆを製造・販売しているキッコーマンという会社では、製品などを輸送するトラックに低排出ガス・低燃費車を使ったり、会社で使う乗用車に電気自動車を使ったりしています。このほかにも、ヤマト運輸や佐川急便などの運送会社が、EVトラック（電気トラック）を導入しています。

さらに、自治体や旅客運送会社（バス会社）などでは、EVバス（電気バス）を導入するところが増えてきています。国や自治体は、こうしたEVトラックやEVバスを導入した企業に対して補助金や助成金を出すなどして、支援をしています。

旅客運送でEVバスを取り入れている富士急行グループの路線バス。コンセントをかたどった「EV-BUS」のロゴが描かれています。

クイズ 東京都の大気中のPM2.5は年を経るごとに減少傾向にあります。2014年とくらべて、2022年は何％まで下がったでしょう。①75％　②65％　③55％

解決に向けた取り組み④

有害な硫黄酸化物を取り除く技術

北海道電力は、火力発電の際に発生する排気ガスにふくまれる有害な硫黄酸化物を取り除く、独自の技術をもっています。これは、石炭灰などから「脱硫剤」をつくり、硫黄化合物を吸着させるしくみです。脱硫剤のもとになる石炭灰は、火力発電の際にできるものを活用しています。

北海道電力の脱硫技術と、日揮という会社が開発した有害な窒素化合物を取り除く、脱硝技術とを組み合わせたシステムも開発されています。

「脱硫剤」のしくみ

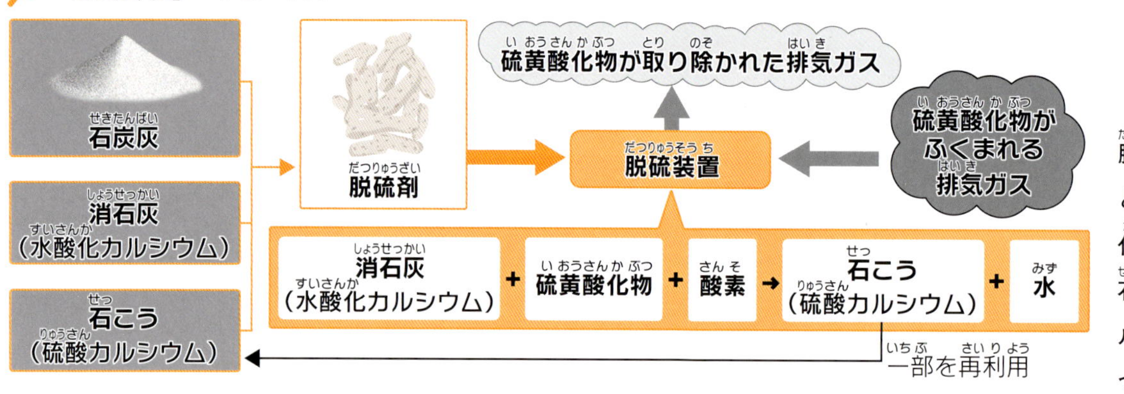

脱硫剤は石炭灰と消石灰（水酸化カルシウム）、石こう（硫酸カルシウム）からつくられます。

解決に向けた取り組み⑤

焼き畑をやめてハーベスタで収穫

タイは、砂糖の原料となるサトウキビの生産国のひとつです。タイでのサトウキビの育て方は、砂糖となるくきの部分だけを残して、いらない上部の葉っぱを焼き払う、焼き畑が行われています。しかし、焼き畑は大量の二酸化炭素を出すため、大気汚染の原因となっていました。

そこでタイ政府は、焼き畑をしなくても効率的にサトウキビを収穫できるハーベスタという機械を導入するため、低金利でお金を借りられるようにしました。タイ政府は、焼き畑の割合を５％以下にすることをめざしています。

タイではサトウキビの収穫の人手が足りなくなったために、手間がかからない焼き畑を進めています。

クイズの答え ③55％。東京都のPM2.5は79の測定局で計測され、その年間の平均値が発表されています。2022年は、70の測定局で東京都の定めた目標を達成しました。

わたしたちにできること

ヘアスプレーや接着剤には、VOC（揮発性有機化合物：Volatile Organic Compounds）という物質がふくまれていて、この物質は大気汚染につながります。低VOCの製品を選んだり、VOCにあまり頼らない暮らしをしたりすることで、大気汚染を防ぐことにつながります。

家庭から出るゴミを減らすことで、ゴミを燃やすときに出る二酸化炭素が減るから、大気がきれいになるんじゃないかな。

今度、家の自動車を買い替えるときは、電気自動車のほうがいいよと、お家の人にすすめたいと思います。

低VOC製品をなるべく利用するなど、身近なところでも大気汚染対策はできますね。

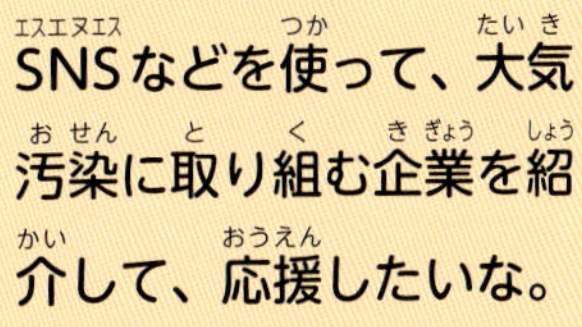

広げよう深めよう

人間の活動をもととする大気汚染以外に、火山の噴火や森林の火災など、自然に発生することを原因とする大気汚染があります。中国大陸から飛散する黄砂は、上空の風によって日本列島に運ばれ、これを吸い込むと、目のかゆみや鼻水、くしゃみなどを引き起こします。こうした、自然に発生する大気汚染についても調べてみましょう。

No. 8

単元｜小学6年｜世界の中の日本

人口爆発にはどう対処すればいい？

関連するSDGsの目標

問題を知ろう

増え続ける世界の人口

私たちの暮らす日本の人口は１億2,329万4,513人で、世界の人口ランキングでは12位です。１位はインドで14億2,862万7,663人、２位の中国は14億2,567万1,352人、３位のアメリカは３億3,999万6,563人でした（2023年の国連統計データ）。では、全世界の人口はどのぐらいでしょうか？

2023年の世界人口の合計は約80億4,531万人と前年から0.9％増加し、歴史上初めて80億人を突破しました。下のグラフを見ると、アジアやアフリカで人口が増え続けていることがわかります。

世界の地域別人口の推移（1950～2100年）

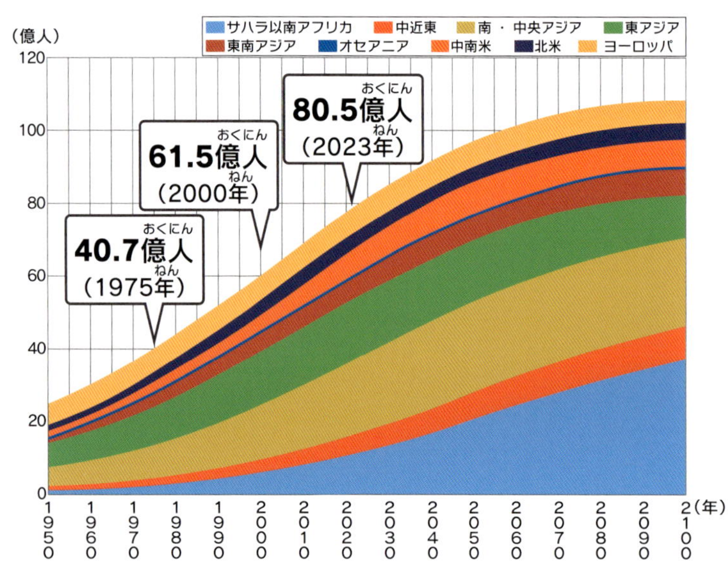

世界の人口は1998年に60億人に達し、その25年後の2023年には80億人を超えました。地域別に見ると、増加した人口の大半をアジアとアフリカが占めています。

世界の人口は、この50年間で約２倍に増加しています。このままのペースで増加すると、2050年には100億人近くになると見られています。

人口増加が進むと貧困と環境悪化につながる

　自分で食料を生み出し、それを食べて生活することを自給自足といいます。このような社会では、人口はほとんど増加しません。アジアやアフリカの開発途上国の人たちは、これまでは自分たちが食べるためにお米や麦、豆などを栽培していました。しかし、コーヒー豆や紅茶、バナナ、ココナッツ、ゴムなどの「商品作物」が売れるようになると、そちらを優先して栽培するようになります。自給自足が中心だったころよりもたくさんのお金が入ってきて豊かになると、養える人数が増えることから、人口が増加していきました。

　その結果、自分たちで食べる食料が足りなくなり、外国から輸入しなければならなくなったのです。そこでより多くのお金が必要になり、国は高く売れる商品作物を無理やり栽培するため、農薬などを多く使いました。すると農地が荒れはててて作物がつくれなくなってしまいました。また、食料や水が不足したり、衛生的な環境で暮らすことが難しくなったりしています。

　では、人口爆発にはどのように対処すればよいのでしょうか？

Yaroslav Astakhov/Shutterstock.com

収穫したコーヒー豆を乾燥させているところ。

キミならどう解決する？

商品作物の栽培を強制しないことが大事だと思うわ。

先進国は貿易相手国のことを考えて、適切な価格で買うようにしたらいいんじゃないかな。

人口が増えている開発途上国への教育支援も必要だよね。

解決に向けた取り組み①

開発途上国の労働力を搾取しない

人口が増えている開発途上国では、下の図のような貧困と環境悪化のサイクルが続いているため、これを断ち切る必要があります。人口爆発は、貧困と環境悪化という大きな問題の中で起こる事象のひとつなのです。

まず、先進国は開発途上国の商品作物を安く買っています。開発途上国の立場を理解し、商品作物を適切な価格で購入することが大切です。

また、先進国が開発途上国に工場を建てて、その土地の労働者を安い賃金で雇用することも見直す必要があるでしょう。先進国が開発途上国につくったアパレル工場やコットン畑、コーヒー農園などには、安い賃金で働かされている労働者がたくさんいて、スウェットショップと呼ばれています。これは、違法な環境のもとで労働者を働かせる職場という意味です。

アジアでもっとも貧しい国といわれるバングラデシュは、国の総輸出額の約80％を衣料品・縫製品産業が支えています。かつて衣類は中国製が多かったのですが、中国の経済成長によって最低賃金が上がり、安く生産することができなくなりました。そこで先進国のファッションブランドは、賃金の安いバングラデシュに工場を移しました。一般的な工場作業員の給料は中国の４分の１以下で、コストを抑えることはできましたが、人々の貧しい生活は改善されていません。これは先進国の都合だといえます。途上国の貧しさを解決するためには別の案が必要ではないでしょうか。

開発途上国で起こっている貧困と環境悪化のサイクル

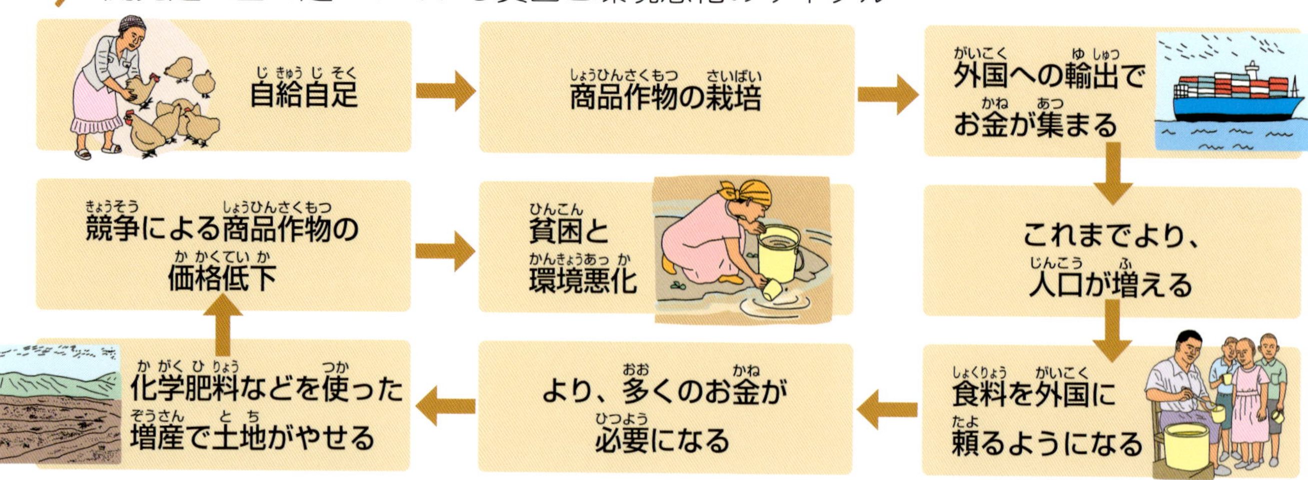

人口が増加すると資源の消費量が増え、さまざまな生産が追いつかなくなります。この結果、食料や水、資源、住宅、雇用などの不足を引き起こし、貧困や経済格差が拡大していきます。

豆知識 WHO（世界保健機関）が発表した「健康寿命の長い国」ランキングの１位は、日本の74.1年でした。２位はシンガポールの73.6年、３位は韓国の73.1年で、トップ３をアジアの国が占めています（2019年）。

解決に向けた取り組み②

リプロダクティブ・ヘルス／ライツの尊重

2023年の日本の合計特殊出生率（女性１人あたりが産む子どもの数）は1.20でした。日本は少子高齢化に悩まされていますが、世界には出生率の高い国があります。とくにサハラ以南のアフリカでは出生率が４を上回る国が多く、いずれも人口が急増しています。

出生率の高い国ぐにでは、農村部に住む貧しい人や若者、公用語を話せない地域の出身者が多くいます。そのため、避妊に関する知識が十分ではなく、望まない出産をする人の割合が大きくなっています。これらの国の人々には、希望する数の子どもを持てるように支援する必要があります。

また、働きがいのある人間らしい仕事、育児休業、安価な住宅、すぐに利用できる質の高い保育サービスを充実させる政策も求められています。

性や子どもを産むことに関わるすべてにおいて、身体的・精神的にも社会的にも本人の意思が尊重され、自分らしく生きられることを「リプロダクティブ・ヘルス」といいます。

さらに、自分の体に関することを自分自身で選択し、決められる権利を「リプロダクティブ・ライツ」といいます。

世界中でリプロダクティブ・ヘルス／ライツが尊重され、すべての人々が希望する数の子どもを持てるようになることがのぞましいでしょう。

女性１人あたり４人以上出生の地域

出典：UNFPA「世界人口白書2023」

アフリカの国ぐにの出生率は、東・南アフリカは4.2、西・中央アフリカでは4.8です。これらの国ぐにはほかの地域にくらべて貧しく、医療や教育、女性の自立などにも大きな問題を抱えています。

妊娠をしないようにすることを「避妊」といいます。将来、安心して子どもを産むために、避妊具の正しい使い方を知っておきましょう。

クイズ

次のうち、世界で一番長寿な国はどこでしょうか？

①アメリカ　②フランス　③日本

解決に向けた取り組み③

5歳未満の子どもの死亡率を下げる

人口が大幅に増えている国では、5歳までに亡くなる子どもの割合が大きいことがわかっています。2023年の出生率が4.4で、25年前とくらべて人口が倍になったアフガニスタンの例を見てみましょう。

アフガニスタンでは、子どもが1,000人生まれても、5歳までに56人が亡くなってしまう計算です。女性が「亡くなってしまうかもしれないから、たくさん産もう」と考えるため、人口が増えていくのです。アフガニスタンの平均寿命は63歳ですが、これには5歳未満で亡くなる子どもの数が多いことが影響しています。

もし、5歳までに亡くなる子どもが減り、健やかに育つようになれば、女性は必要以上に子どもを産まなくなり、人口は減少します。5歳未満の子どもの死亡率を低下させることで、開発途上国では子どもへの消費や投資が減り、経済を成長させるための資金に回すことができます。すると、5歳未満で亡くなる子どもの数が減少していき、人口増加はいっそう抑えられます。

このことから、人口爆発を防ぐために、ユニセフなどの国際機関や各国が5歳未満の死亡率を下げる取り組みを支援するのも効果があると考えられます。

人口増減のしくみ

生まれた子どもが多く死ぬと、母親は子どもを多く産むことで子どもの数を維持する。子どもは労働力となる。

生まれた子どもが健やかに育つと、母親は必要以上に子どもを産まない。

5歳未満児の死亡率が減少すると人口も減少します。この結果、人口爆発を抑えることにつながります。

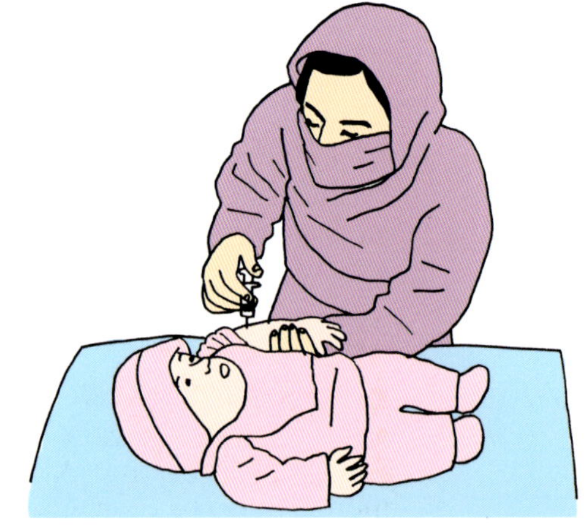

日本政府とユニセフは、アフガニスタンでの小児感染症を防ぐため、5歳未満の子どもや妊娠できる年齢の女性への定期予防接種を支援しています。

アフガニスタンのように出生率が高い国は1人あたりの所得が低くなります。食料や水、資源、住宅、雇用などの条件が一定の場合、分母となる人口が増えると、1人あたりの所得は低下します。

クイズの答え ③日本。日本人の平均寿命は、男性が81.05歳、女性が87.09歳です（2022年、厚生労働省）。戦後からほぼ右肩上がりで推移し、女性は1984年、男性は2013年に初めて80歳を上回りました。

わたしたちにできること

人口増加が進むと、世界の食料が足りなくなるといわれています。現在、世界の人口の11％が飢餓に苦しんでいます。その一方で、世界全体の食料の５分の１は、食べ残しや賞味期限切れなどの理由で廃棄されています。また、人口が増えている地域では排水施設が整っておらず、水質が悪くなって伝染病が流行することもあります。

人口が増え続けると、どんな問題が起きるかがわかったよ。日本では食品ロスが問題になっているから、給食は残さず全部食べるようにするよ。

リプロダクティブ・ヘルス／ライツについてもう少しくわしく知りたい。SNSやインターネットで調べて、世界に向けてその大切さを発信していきたいわ。

人口増加には、その国の５歳未満の子どもの死亡率が大きく関わっているんだね。少しでも途上国の子どもたちを助けるために、ユニセフなどの募金に協力したいな。

人口増加や経済発展にともなって化石エネルギーの消費量が増え、世界全体ではエネルギー資源の不足が大きな問題となっています。日本はエネルギー資源を輸入に頼っているため、人口増加を放置していると、将来困ったことになるかもしれません。

広げよう深めよう

かつて人口増加に悩まされていた中国では、1979年に「一人っ子政策」が導入されました。１組の夫婦の子どもの数は１人に制限され、違反者には多額の罰金が科せられました。その結果、出生数が減って急速に高齢化が進んだため、現在では１組の夫婦につき３人まで子どもを持つことが認められています。2022年、中国の人口は約60年ぶりに減少に転じ、日本と同じように少子高齢化対策が課題となっています。

No.9

単元｜小学5年｜わたしたちの生活と環境

ゴミを減らすにはどうすればいい？

関連するSDGsの目標

問題を知ろう

日本はもうすぐゴミ捨て場がなくなる？

「およそ20年で、日本全国のゴミの最終処分場（埋立地）が満杯になり、ゴミを埋め立てできなくなる」。環境省は2021年に、このような発表をしました。

日本で1年間に出る一般廃棄物*は約4,100万t（2021年）です。世界のゴミの総量は約21億tなので、日本のゴミはその約2％です。そう聞くと、「あれ？　思ったよりも少ない」と感じるかもしれません。ところが、1日あたりに換算すると、日本人は1人あたり約900gのゴミを出しているのです。世界平均では約700gなので、世界の人たちにくらべると、日本人は毎日リンゴ1個分ほど多くゴミを出していることになります。

日本はゴミの焼却施設数が1,028もあり、その数は世界トップです。世界の焼却炉の半分以上が日本にあるとされています。ゴミを燃やすことで温室効果ガスなどが出て、環境に悪いともいわれています。

ゴミの総排出量と1人1日あたりのゴミ排出量

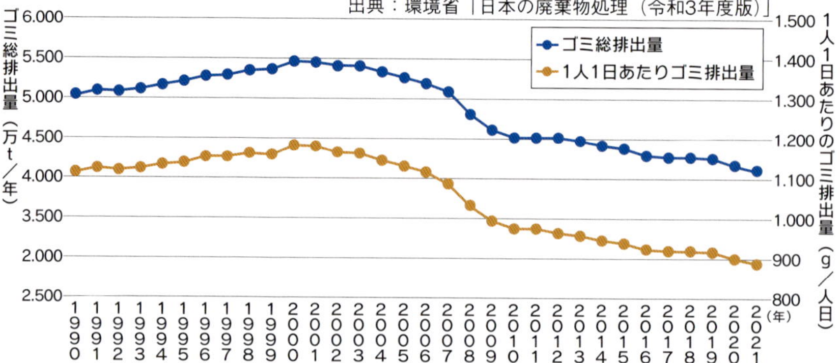

ゴミの総排出量は少しずつ減ってきていますが、このままではいつか最終処分場が使えなくなります。するとゴミの処分にお金がかかるようになり、不法投棄（ルールを破ってゴミを捨てること）が増えていくかもしれません。

*一般廃棄物とは、家庭から出るさまざまなゴミと、飲食店や会社などから出る紙くずや生ゴミ、し尿などをいいます。

燃えにくい生ゴミが多い日本

日本の一般廃棄物の量は、2000年の5,483万tをピークに、だんだん減ってきています。これは、日本人の環境への意識が高まった結果といえるでしょう。ただし、ここ10年間は減り方がゆるやかになってきています。

今後もゴミを減らしていくために、ゴミについて分析し、「だれが、どんな工夫をすべきなのか」を、きちんと考える必要があります。日本の燃やせるゴミの約40%は、燃えにくい生ゴミです。自治体によっては、生ゴミを燃やすために焼却炉の温度を高くしており、そのぶん温室効果ガスを多く出すことにつながります。このことが、「日本は地球温暖化への取り組みに後ろ向きだ」といわれる要因のひとつになっています。

どうすれば、日本はもっとゴミを減らせるでしょうか？

東京都豊島区にある豊島清掃工場（焼却施設）は、繁華街や高層ビルが近くにあるため、煙突の高さが210mもあります。これは東京23区内で一番高い煙突です。

キミならどう解決する？

家庭から出る生ゴミを入れて、微生物の働きで堆肥にするコンポストってあるよね。コンポストがもっと普及すれば、生ゴミが減らせるんじゃないかな。

日本は生ゴミが多いってことは、家庭でできることも多いはずだわ。ゴミを減らした人が得をするようなしくみってできないのかしら？

プラスチック製のストローや容器を紙製に切り替えているお店が増えているよね。さらに一歩進んで、食べられるストローやコップがあったらゴミが減るんじゃないかな。

解決に向けた取り組み①

ポイ捨ての罰金が100万円以上!?

シンガポールは、世界一清潔な国といわれています。しかし、かつては路地にゴミが散らかり、下水道から悪臭が漂っていた時代がありました。そこでシンガポール政府は、1968年に「ゴミのポイ捨て禁止」の法律を制定しました。

たとえば、ドリンクのびんや缶のポイ捨てで有罪になった場合、1回目は日本円で約22万円、2回目は日本円で約44万円、3回目からは日本円で約111万円もの罰金が科せられます。厳しい法律をつくることで、ゴミをポイ捨てしないという国民の意識の向上につなげているのです。

Natalia Svistunova/Shutterstock.com

ポイ捨て禁止と罰金の額が示されたシンガポールのポスター。シンガポールではチューインガムの持ち込みも禁止で、罰金の対象になります。

解決に向けた取り組み②

ゴミの重さで回収料金が変わる韓国

韓国の国土面積は約10万km²で、日本の4分の1ほどです。日本以上にゴミを埋め立てる場所が少ないため、「従量課金制」によって生ゴミの回収をしています。従量課金制とは、量によって料金が変わるシステムです。つまり、ゴミを軽くすればそのぶん料金が安くなるので、自然とゴミの量が減っていくわけです。

この制度を進めるため、韓国では「スマート生ゴミ回収箱」が全国に置かれています。その結果、首都のソウル市だけでも、6年間で4万7,000tの生ゴミを減らすことができました。

K-IMAGES/PIXTA

韓国にある「スマート生ゴミ回収箱」。IDカードでタッチしてふたを開け、ゴミを捨てたら、またIDカードをタッチしてふたを閉じます。捨てたゴミの量の記録がカードに残り、月末にマンションの管理費として回収料金を支払います。

豆知識　世界の国とくらべて、日本は街中にゴミ箱が少ないといわれています。これにはゴミの持ち帰りを心がけてもらうためや、ゴミに見せかけた危険物によるテロを防ぐためといった理由があります。

解決に向けた取り組み③

生ごみを肥料にするプロジェクト

日本では、家庭から出る生ごみを、花や野菜を育てるための肥料（堆肥）にする取り組みが広がっています。神奈川県小田原市では、家庭ごみの約３割を占める生ごみの量を減らそうと、2010年度から「生ごみ小田原プロジェクト」を始めました。

そのひとつに、希望する人に段ボールのコンポスト（肥料をつくる容器）や道具などを無料で支給するという取り組みがあります。段ボールの中に材料と生ごみを入れると、土壌の中にいる微生物によって生ごみが分解され、肥料が完成します。

段ボールはどの家庭でも用意しやすいことから、多くの自治体が段ボールコンポストをおすすめしています。

写真提供：小田原市環境政策課

段ボールコンポストのプロジェクトに初めて参加するときは、上のようなセットが無料でもらえます。２度目からは住民自身が用意します。

解決に向けた取り組み④

回収した使用ずみ天ぷら油を燃料として再生

佐賀県佐賀市では、家庭や飲食店で使い終わった天ぷら油を、専用の回収ボックスなどで回収しています。回収された天ぷら油は、市内の清掃工場で高品質バイオディーゼル燃料に再生され、ゴミ収集車や市営バスなどの燃料として使われます。

バイオディーゼル燃料は植物由来のため、大気中の二酸化炭素を増やさない環境にやさしい燃料といわれています。軽油の代わりにバイオディーゼル燃料を使うことで、化石燃料の使用量を減らすことができます。

また、以前は使用ずみの天ぷら油を固めたり紙に吸わせたりして、燃えるゴミとして処理していましたが、回収してきちんとリサイクルすることで、ゴミの量を減らすことができました。

写真提供：佐賀市環境部

回収ボックスは、市内のスーパーや公民館などに置かれています。天ぷら油をリサイクルすることで、ゴミの量を減らすのと同時に、二酸化炭素の排出量を抑えることもできます。

クイズ 日本では多くの自治体が、指定ゴミ袋を有料で販売しています。日本一高い自治体のゴミ袋は１枚いくらでしょうか？　①120円　②200円　③350円

解決に向けた取り組み⑤

ゴミにならない素材でものをつくる

ストローや食品のパッケージなど、プラスチックのゴミを減らすアイデアとして、ゴミにならない素材に変えるという方法があります。

福岡県にあるUPayという会社では、プラスチックや紙のストローの代わりに、米ストローを開発しました。米ストローは、お米とコーンスターチでつくられており、天然の着色料で色づけされています。使ったあとは植物の肥料として活用したり、そのまま食べたりすることもできます。

草刈機などの農業器具を製造販売しているORECという会社は、草でつくられたストローを販売しています。使用ずみのストローは回収し、洗浄・消毒して動物園に届けられ、ペンギンの寝床として再利用されています。

また、インドネシアのEvowareという会社は、海藻でできた「食べられるパッケージ」を開発しました。お湯に入れると溶けてなくなるという性質で、砂糖やコーヒーの袋、インスタント食品の調味料の袋、ハンバーガーの包装などに使われています。水を入れるコップ型のものは、フルーツ味の硬めのグミのような食感で、飲んだあとはコップまで食べることができます。

米ストロー

写真提供：UPay

米ストローは、一般のお店で販売されない粒の小さな米や割れてしまった米などを原料としています。

Evowareの製品は海藻でできているので、食べると食物繊維やミネラル、ビタミンをとることができます。

米ストローは、1本の値段がプラスチックのストローより割高です。もっと多くの人が使うことで値段を下げることができそうです。みんなが意識してゴミを減らす製品を選ぶことが大切ですね。

クイズの答え ②200円。北海道えりも町の可燃ゴミの指定ゴミ袋は、1枚200円（容量45L）です。ゴミ袋の代金は、自治体のゴミ処理の費用として使われています。

わたしたちにできること

生ゴミは水分量がとても多く、重さの約80％が水分といわれています。ゴミとして出す前に、水分をギュッとしぼって、チラシなどでつくった紙箱に入れて乾かしましょう。

みんなの工夫しだいで、生ゴミの量をもっと減らすことができます。

紙箱の折り方

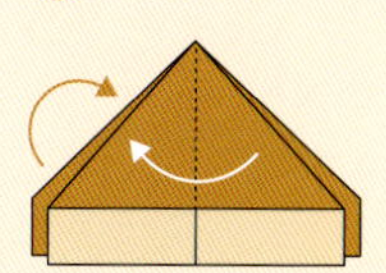

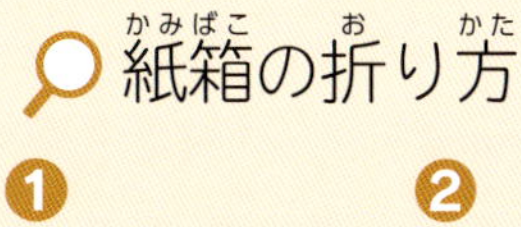

❶ 長い辺を横に折りさらに縦に折る。

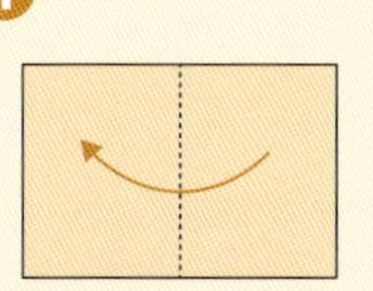

❷ 縦にして折り目をつける。裏側も同様に。

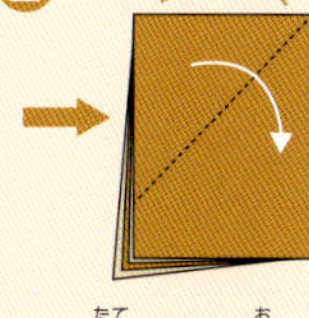

❸ 袋を広げてつぶす。裏側も同様に。

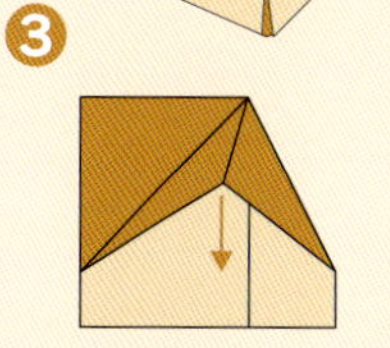

❹ 左側に向けて折る。裏側も同様に。

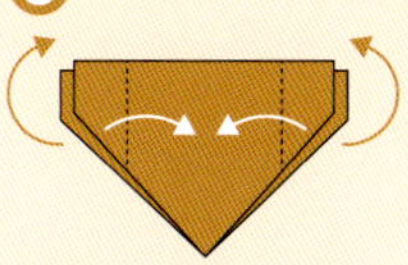

❺ 上下をひっくり返す。矢印の方向に折る。裏側も同様に。

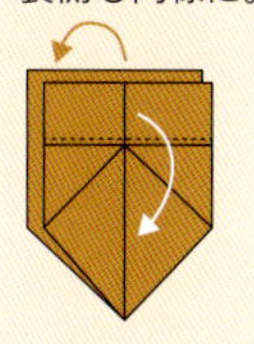

❻ 手前に向かって折る。裏側も同様に。

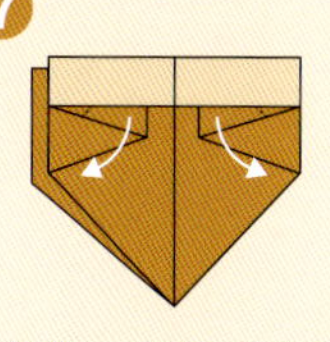

❼ 内側の四角を三角に折り中にしまう。裏側も同様に。

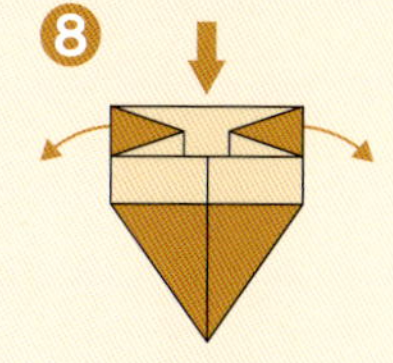

❽ 口を左右に広げて底をつくる。

食べられるストローやコップを使っているお店を調べて、応援したいな。

家庭から出る生ゴミの量を減らすために、うちでは台所の水切りネットを使うようにするわ。

小田原市みたいに段ボールコンポストを支給する自治体が増えるといいよね。市長に手紙を書いてお願いしてみよう！

広げよう深めよう

京都府亀岡市は、2023年４月から、指定ゴミ袋の「燃やすごみ袋」を「燃やすしかないごみ袋」に、「埋立てごみ袋」を「埋立てるしかないごみ袋」に、それぞれ名称を変更しました。しかも、袋の表面には「それって本当にごみ？」という文字が印刷されています。この新たなネーミングには、地域の人たちに「できるだけゴミを増やさないようにしよう」という意識を強く持ってほしいというメッセージが込められているのです。

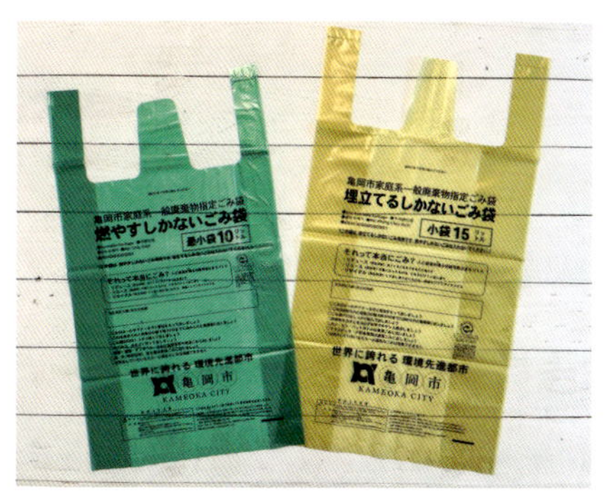

写真提供：亀岡市

No. 10

単元｜小学5年｜わたしたちの生活と食料生産

食品ロスをなくすにはどうすればいい？

関連するSDGsの目標

問題を知ろう

食品ロスは地球温暖化の原因のひとつ

本当はまだ食べられるのに捨てられてしまう食品を、食品ロスといいます。食品ロスは、「もったいない」「つくってくれた人に失礼」というだけでなく、地球温暖化につながることからも、よくないこととされています。

排出される温室効果ガスの比較

出典：World Resources Institute

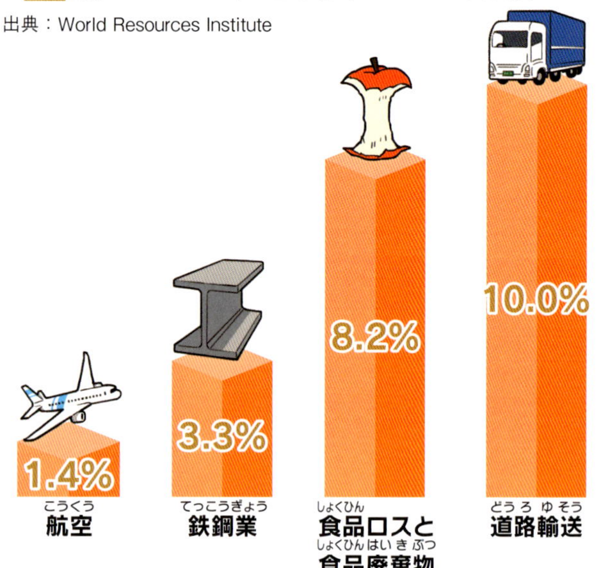

食品ロスによって排出される温室効果ガスの量は、自動車から排出される量よりやや少ない程度で、全世界の鉄鋼業や飛行機が排出する量よりもはるかに多くなっています。

2019年8月、国連環境計画（UNEP）や世界気象機関によって設立されたIPCC（気候変動に関する政府間パネル）という組織が、「2010〜2016年に排出された温室効果ガスのうち、8〜10%は食品ロスから出たものと推定される」という驚くべき報告をしました。

さらに、食料の生産や保管、加工、輸送などの食料に関わるシステム全体で見ると、食料システムによって排出される温室効果ガスの排出量は、全体の21〜37%を占めると推定されています。

食品ロスによって温室効果ガスがたくさん排出され、それが地球温暖化につながっていることは、あまり知られていませんね。

食品ロスが多い国はどこ？

右の図は、国連環境計画が公表した、１年間の食品ロスの量が多い国のランキングで、日本は17位でした。食品ロスが多い国の上位を占めるのは、人口の多い国であることがわかります。

日本のような先進国では、見た目が悪い食品や、大量に仕入れた食品が売れ残ることがよくあります。また、家庭やレストランなどで料理を食べ残すことも、食品ロスの原因となっています。一方、開発途上国では、作物を収穫しきれなかったり、保存・保管の技術が足りずに捨てられたりすることが食品ロスのおもな原因です。

こうした食品ロスをなくしていくには、どうすればよいでしょうか？

食品ロス総量の世界ランキング（上位20カ国）

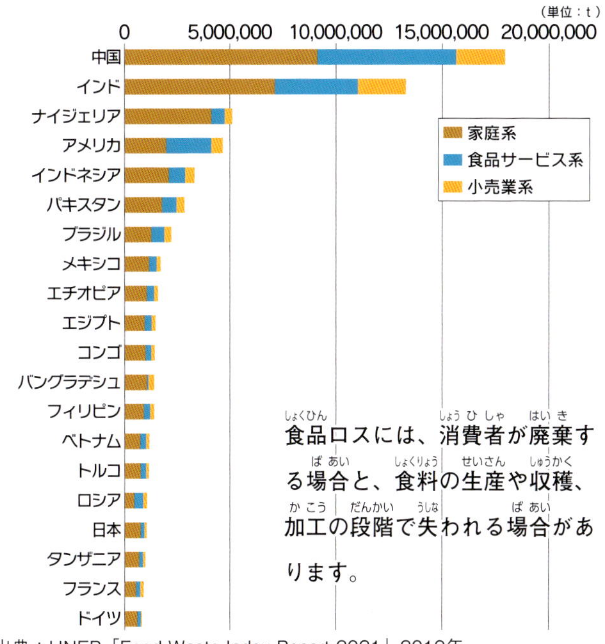

出典：UNEP「Food Waste Index Report 2021」2019年

キミならどう解決する？

スーパーやコンビニでは賞味期限が近い商品を安く売っているよね。賞味期限が近くてもまだおいしく食べられるわけだし、安く売っていれば選んで買う人もいるんじゃないかな。

レストランやカフェの料理はどれもおいしそうで、つい頼みすぎちゃうこともあるわ。食べきれなかったぶんを持ち帰ることができれば、食品ロスを減らすことができそうね。

そもそも食べきれないくらいたくさんの食品をつくっていることが問題なんじゃない？　みんなにとってちょうどいい量をつくるようにして、廃棄する食品を減らしていくことが大事だと思うよ。

解決に向けた取り組み①

食べ残した料理を持ち帰るドギーバッグ

飲食店での食品ロスを減らすための取り組みとして、ドギーバッグを活用する方法があります。ドギーバッグとは、お店で食べ残したものを入れて持ち帰るための容器で、アメリカで誕生したといわれています。近年はヨーロッパでもドギーバッグの活用が増えており、フランスでは2021年に、飲食店はドギーバッグを用意することが義務づけられました。

ただし、持ち帰ったものを時間が経ってから食べると、お腹を壊してしまう可能性もあります。そこで滋賀県大津市では、お店がドギーバッグを用意する場合、生ものは持ち帰らないことなど、細かいルールを決めています。

「ドギー」とは、英語で犬をさす言葉です。アメリカでは「飼い犬にあげるため」という建前で食べ残しを容器に入れて持ち帰る慣習があり、これが世界に広まったといわれています。

解決に向けた取り組み②

余った食品をシェアできるアプリ

イギリスで誕生したOLIOというシェアアプリでは、ユーザーどうしが無料で食品のやりとりをすることができます。このアプリを使って、余ってしまった食品を同じ地域に住む人にゆずったり、ほかの人からもらったりすることで、食品ロスを減らそうという取り組みです。

OLIOは、イギリスのほかシンガポールやメキシコ、アルゼンチンなどの国ぐにでも活用されており、日本でも一部の地域で使えるようになっています。

ユーザーは余った食品を写真に撮ってアップし、受け取りを希望する近所のユーザーが見つかると、受け渡しのやりとりをします。

豆知識　食品ロスの量が世界一の中国では、大量注文による食べ残しや大食い動画の配信が禁止されています。大量注文させた飲食店や配信に関わった人には、最高で約160万円の罰金が科されます。

解決に向けた取り組み③

「賞味期限」の近い食品を安く売る店

食品の期限には、賞味期限と消費期限があります。賞味期限は、食品の袋や容器を開けずに正しく保存していた場合に、おいしく食べることができる期限を示します。消費期限は、決められた保存方法を守って保存していた食品が安全に食べられる期限のことです。

消費期限を過ぎた食品は食べないほうがよいとされていますが、賞味期限の場合、少し過ぎた食品を食べても健康に問題はなく、味の変化もありません。しかし、賞味期限を過ぎた食品は売れ残り、ほとんどのお店で捨てられてしまいます。

賞味期限まで日数のあるなしにかかわらず、十分おいしく食べられる食品を普通よりも安く販売しているお店があります。たとえば、ecoeatというお店では、賞味期限が近くなった食品を仕入れ、賞味期限を過ぎたものは実際にお店の人が試食して安全性を確かめたうえで、問題のないものだけを販売しています。

また、形や色が悪かったり、傷があったり、サイズが規格に合っていない果物は「エシカルフルーツ」と呼ばれ、お店の売り場には並びません。そうした売り物にならない果物の多くは、産業廃棄物として処分されているのです。そこで、東果堂というフルーツ専門店では、それらのエシカルフルーツを使ってドライフルーツやジャムをつくっています。この取り組みは、食品ロスを減らすとともに、農家の助けにもなることから注目されています。

写真提供：東果堂

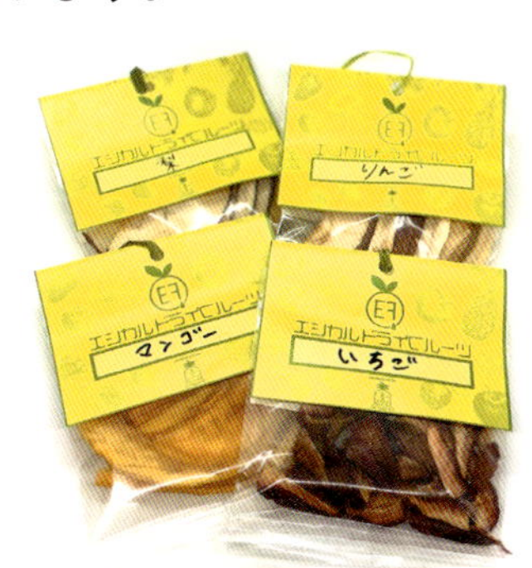

東京の世田谷区にある東果堂のドライフルーツ。添加物が使われておらず、犬も食べられます。

写真提供：NPO法人日本もったいない食品センター

ecoeatは全国に20店舗以上あります（写真は大阪府松原市のセブンパーク天美店）。賞味期限が近くなった食品を大量に仕入れたときは、値段を安くして売っています。

ちょっとくらい見た目がよくなくても、おいしく食べられるならいいんじゃないかな。僕たちも買う側もちょっと意識を変えたほうがよさそう。

クイズ 食品の中には、賞味期限が書かれていないものがあります。それは次のうち、どれでしょう。
①納豆　②アイスクリーム　③漬物

解決に向けた取り組み④

AIを活用して食品ロスを防ぐ

みんなが購入しようと思っている量を超えて食品を生産する「過剰生産」は、食品ロスにつながります。そこで東京都は、食品メーカーや小売店などと情報を共有し、天候やイベントといった情報も加えて、需要を予測する取り組みを進めています。

さまざまな情報（ビッグデータ）をもとに、AIが計算・分析をして、どの商品がどのくらい売れそうかを予測することで、むだのない生産や販売の計画を立てることができます。

AIによる需要予測は、一部の企業ですでに活用されています。たとえば、アイスを製造・販売する会社では、天候や気温、湿度などの情報をもとにAIに需要を予測させ、売れそうな商品を多めにつくったり、どの材料を多めにそろえるかを決めたりしています。

ほかにも、お客さんのポイントカードのデータから、どのような商品がよく売れているのかを調べて、仕入れる量を調整しているスーパーなどもあります。

ビッグデータを活用した需要予測

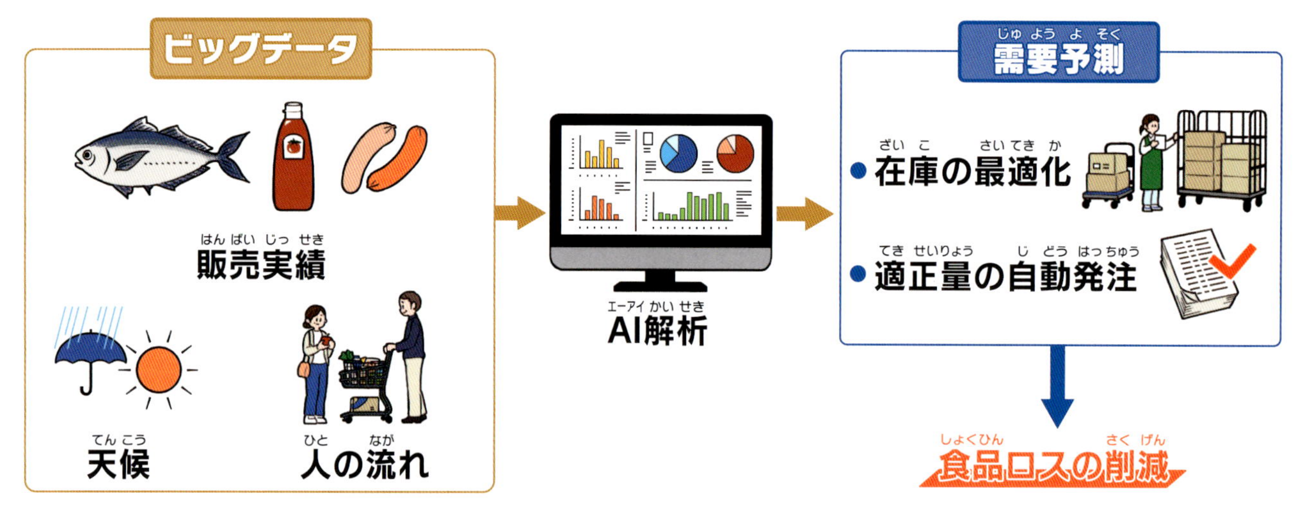

AIは、過去の販売実績や客の流れ、天候などのデータを学習することで、需要予測を行います。AIを使うと、人間なら何時間もかかってしまうようなデータの分析や計算を、わずかな時間で正確に行うことができます。こうしたAIの予測をもとに、人間が在庫を調節したり、必要なぶんだけ材料を注文したりすることで、食品ロスを減らすことができます。

データさえあれば予測ができるため、経験が少ない人でも簡単に予測ができるのもメリットですね。

クイズの答え ②アイスクリーム。アイスクリームや氷菓子は冷凍した状態で長期間保存することができ、品質の変化がきわめて少ないことから、賞味期限を表記しなくてもよいことになっています。

わたしたちにできること

食品ロスを減らすために、私たちにもできることはたくさんあります。家庭では、冷蔵庫の中身を知っておくことも大切です。最近は、冷蔵庫の中身を確認できるスマートフォンのアプリや、消費期限の迫っている食品を教えてくれる冷蔵庫もあります。それらを上手に活用して、食品ロスを防ぐのもよい方法ですね。

スーパーに行ったときは、賞味期限が長くて、ほかのお客さんが触っていなさそうな奥の商品を取っちゃっていたけど、そういう行為も食品ロスにつながるんだね。今度からは手前から取るようにするよ！

AI家電も食品ロス防止に役立つなんて知らなかった！　うちも冷蔵庫を買い替えるときは、そういう機能がついた冷蔵庫を買うようにお願いしてみるわ。

「もったいない」という言葉や考え方は、食品ロスを減らすためにも効果があります。日本が世界のお手本になるように、みんなでこの問題に取り組んでいきたいですね。

日本でも、もっとドギーバッグが普及すればいいと思うわ。今度レストランに行ったら、「ドギーバッグがあるとうれしい」って、お店にリクエストしてみようかな。

食品ロスを防ぐには、調理の仕方を工夫することも大切です。皮のむき方を工夫したり、廃棄せずに漬物にしたりするだけで、食品ロスが減っていきます。ほかにも、捨てるはずの食品からつくられたおもちゃなどがあります。たとえば、お米や米粉からつくられた積み木は、子どもが口に入れても安心です。また、廃棄される食品を飼料として活用する取り組みも進められています。

No. 11

単元｜小学4年｜住みよいくらしをつくる

資源のリサイクルを進めるにはどうすればいい？

関連するSDGsの目標

問題を知ろう

リサイクルには３つの方法がある

使い終わったものを回収し、資源に戻して製品をつくることを「リサイクル」といいます。リサイクルは、限りある資源をむだづかいせず、ゴミを減らすことにもつながります。

リサイクルには、マテリアル、ケミカル、サーマルの３つの方法があります。空き缶を溶かして新しい缶をつくったり、新聞紙などの古紙を再生紙にしたりするのは、マテリアルリサイクルです。ケミカルリサイクルは、ものを化学的な方法で分解して別の製品の原料をつくり出す方法です。サーマルリサイクルは、ものを燃やしたときに発生する熱をエネルギーとして活用する方法です。

国や自治体、企業、個人が、それぞれに資源のリサイクルに取り組んでいますが、地球の環境を守るためには、リサイクルをもっと進めていかなければなりません。

プラスチックを燃やすと有害なガスが発生することから、サーマルリサイクルはあまり環境によいとはいえません。多くの国で「リサイクル率」はサーマルリサイクルを除いた割合で計算されます。

日本のプラスチックのリサイクル割合（2021年）

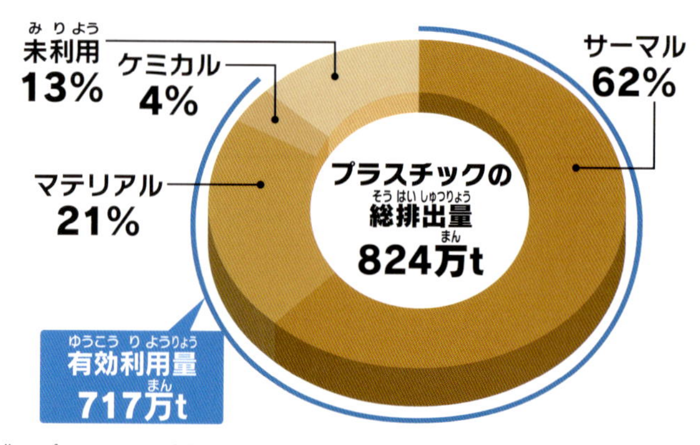

出典：プラスチック循環利用協会「プラスチックリサイクルの基礎知識2023」

2021年には、捨てられたプラスチックの87%がリサイクルにより有効利用されています。2005年の有効利用率は58%で、大きく増加しています。

リサイクルにはコストがかかる

世界にはゴミのリサイクル率が50%を超えている国もあり、世界一のドイツは67.3%（2018年）です。日本のリサイクル率が19.6%と低いのは、ゴミの分別に手間や費用がかかるため、結局ゴミを燃やしてしまっていることが原因とされています。

たとえば、牛乳パックをリサイクルしてトイレットペーパーにする場合、紙パックの内側と外側にラミネートしてあるポリエチレンをはがすのに手間がかかります。そのため、新しくトイレットペーパーをつくるよりもお金がかかってしまうのです。また、古紙からつくられた再生紙は質がよいとはいえず、リサイクルしても売れないという問題もあります。

資源のリサイクルを進めていくには、どうすればよいのでしょうか？

一般廃棄物の総資源化量とリサイクル率の推移

出典：環境省「一般廃棄物処理実態調査結果」

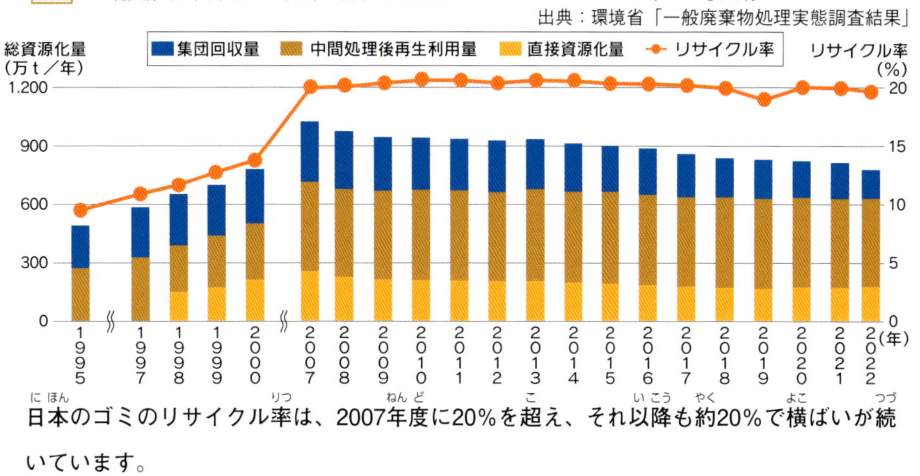

日本のゴミのリサイクル率は、2007年度に20%を超え、それ以降も約20%で横ばいが続いています。

キミならどう解決する？

効率よくリサイクルするための方法を考えていきたいね。賞金コンテストを開いて、みんなでアイデアを出し合うっていうのはどうかな？

ママはいつも「ゴミの分別がめんどう」って言っているわ。みんながリサイクルに前向きな姿勢で取り組めるように、国や自治体が何かいい方法を考えてほしいな。

ドイツのリサイクル率がめちゃくちゃ高いってことは、そこでやっていることをまねすればいいんじゃない？　ドイツでは、お店にペットボトルを持っていくとキャッシュバックがあるって聞いたことがあるわ。

日本や世界ではどんな取り組みをしている？

解決に向けた取り組み①

分別の意識を高める上勝町

徳島県上勝町は、むだや浪費をなくし、ゴミを出さない「ゼロ・ウェイスト」を宣言し、ゴミの分別を通じて資源のリサイクルを積極的に進めています。この町には、焼却炉もゴミ収集車もありません。町民はゴミステーションにやってきて、自分たちで分別をするのです。ゴミの分別項目は13種類43分別もあり、一人ひとりが高い意識を持って取り組んだ結果、全国平均の４倍となる80％のリサイクル率を達成しました。

ゴミステーションのある「ゼロ・ウェイストセンター」には、リサイクルについて学べるスペースや分別の体験ができる宿泊施設、町民が持ち込んだ不用品を持ち帰れる「くるくるショップ」などがあり、国内だけでなく海外からもリサイクルについて学びたい人が集まってきます。

© 上勝町

上勝町のゴミの分別表の一部

空き缶は、種類ごとに捨て方の注意が細かく書かれています。また、どんな製品にリサイクルされるのかも書かれています。

解決に向けた取り組み②

プラスチックを徹底的に回収する鎌倉市

人口10万人以上の自治体で、リサイクル率が日本一なのは、「かまくらプラごみゼロ宣言」を発表している神奈川県鎌倉市です。

鎌倉市では、ペットボトル、カップ麺の容器やレジ袋などの容器包装プラスチック、それ以外の製品プラスチックの３種類に分けて回収しています。2017年からは、歯ブラシやハンガーなど、プラスチック以外の素材が一部ついているものも製品プラスチックとして回収するようになり、リサイクル率がアップしました。

市役所などの公共施設ではペットボトル飲料の販売をやめました。代わりにマイボトルを持ってくれば、無料で飲み水がもらえるウォーターサーバーが設置されています。

豆知識　埼玉県日高市は、家庭や会社などから出る可燃ゴミのほぼすべてを資源化処理し、セメントの原料や燃料としてリサイクルしています。日高市のリサイクル率は99.7％で、全市町村でトップです。

解決に向けた取り組み③

産業廃棄物の99％をリサイクルする会社

群馬県で産業廃棄物の処分をしているナカダイという会社は、ゴミのリサイクル率アップのために、液体以外のあらゆるものを受け入れています。1日に持ち込まれる廃棄物は、60～70tもあり、そのうち99％がリサイクルされています。

普通は廃棄物の処分を頼んだ人がお金を払いますが、ナカダイでは銅やアルミ、ステンレス、鉄などの金属、プラスチックなどを、お金を払って買い取ることもあるそうです。

ナカダイでは持ち込まれたパソコンをただ壊すのではなく、ドライバーでていねいに分解します。そして、中にあるパーツを分別したうえでリサイクルし、新たな製品の素材として生まれ変わらせます。新たな素材は高く売れることもあり、そのお金を従業員の給料やリサイクルの研究費用にあてているのです。

こうした資源のリサイクルは、「捨て方をデザインし、使い方を創造する会社」というビジョンのもとで行われています。社長の中台さんは、自分たちの会社のようなリサイクルを多くの会社でもやってほしいと考えています。

写真提供：ナカダイ

業務用エアコンの室外機を解体しているようす。ひとつずつ手作業で行います。

ナカダイで行われるリサイクルの例

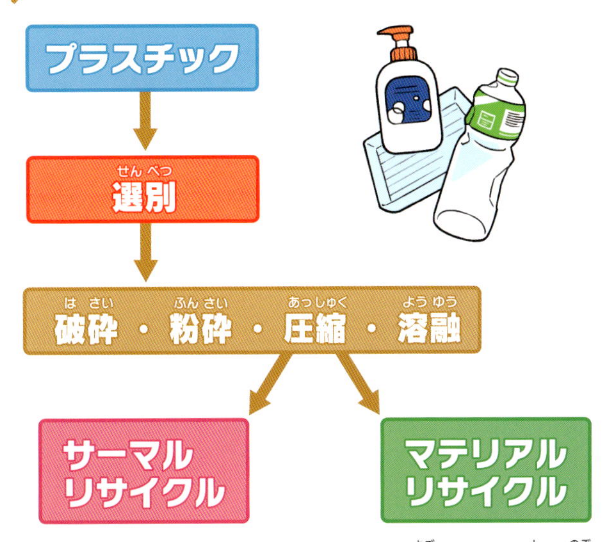

プラスチックは、汚れなどを取り除いて種類ごとに選別し、別々に細かく砕いてからリサイクルしています。

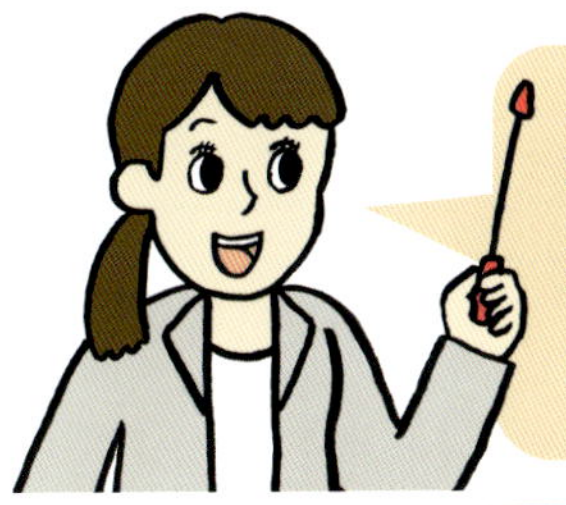

廃棄物もしっかり分別すれば、新しい素材に生まれ変わったり、リユースしたりすることができるので、リサイクル率も上がります。

クイズ ゴミとして回収したガラスびんは、どのようなものにリサイクルできるでしょうか？
①家の断熱材　②植物の肥料　③動物のえさ

解決に向けた取り組み④

デポジットを活用して容器を回収するドイツ

ドイツには、ペットボトルを始めとする容器のリサイクルを進めるために、Pfandという制度があります。

ドイツの飲み物は、容器にデポジット（預かり金）を上乗せして売られています。飲み終わったあと、ペットボトルや缶をスーパーなどに設置されている自動回収機に入れると、レシートが出てきます。これをレジに持っていくと、デポジットが戻ってくるというしくみです。

回収された容器は、リサイクルされるか、洗って何度も再利用されます。この制度のおかげもあって、ドイツのリサイクル率は世界でもトップクラスです。デポジットを活用した制度は、オーストリアやスイスなどでも導入されています。

frantic00/Shutterstock.com

飲み物の容器を入れる自動回収機。戻ってくる料金は、1個あたり8セント（約13円）から25セント（約40円）です。

解決に向けた取り組み⑤

100%リサイクル可能な素材でつくるシューズ

ドイツに本社のあるスポーツメーカーのアディダスは、海から回収したプラスチック素材を使って、シューズや服を生産しています。着なくなった服の回収も進めており、アディダスで生産している服の多くにリサイクルポリエステルが使われています。

また、熱可塑性ポリウレタンという弾力性のある素材だけでつくったランニングシューズを開発しました。この素材は100%リサイクルが可能で、回収したあとパーツごとに分解し、切りきざんで溶かします。こうして、新しいシューズの原料として生まれ変わります。

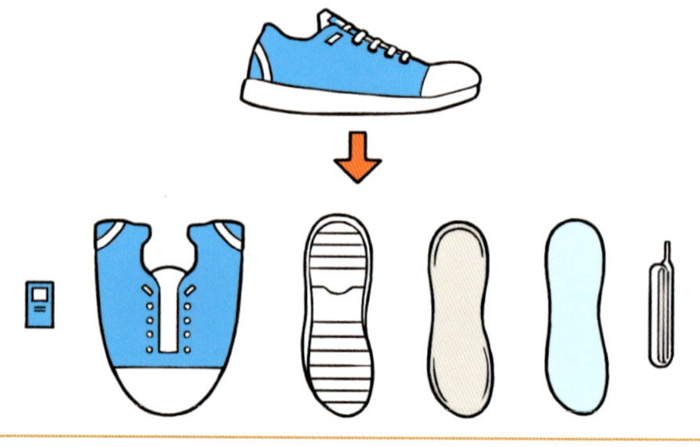

クイズの答え ①家の断熱材。ガラスびんは回収されたあと溶かされ、またびんがつくられます。ほかにも熱に強く燃えにくいグラスウールという繊維素材に変えて、家の断熱材にリサイクルされることがあります。

わたしたちにできること

手軽にできるリサイクルとして、全国の小学校などでは、使用ずみの食用油を使った石けんづくりが行われています。神奈川県川崎市では、学校や家庭、飲食店から使用ずみの食用油を回収し、工場で加工して、リサイクル石けんをつくっています。

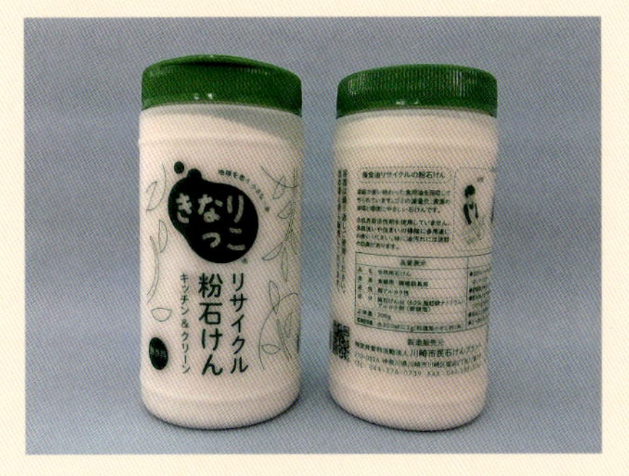

リサイクル石けん「きなりっこ」。川崎市の名産品に認定されており、学校給食の食器洗いなどにも使われています。

資源物をリサイクルすると、ポイントがもらえるアプリがあるよ。リサイクルポイントがたまると、割引券や電子マネーと交換することができるんだ。友だちにもすすめて、リサイクルの輪を広めていきたいな。

買い物をするときは、なるべくリサイクルでつくられた製品を選ぶようにしたいな。洋服や本、植物のプランター、段ボールなんかがあるけど、まずは毎日使うトイレットペーパーを買ってみよっと！

デポジットの回収箱を近所のスーパーで見かけたわ。ペットボトルを持っていけばおこづかいになるし、リサイクルもできちゃうね。

住んでいる街でのリサイクルの取り組みを調べて、協力していきましょう。

広げよう深めよう

宮城県南三陸町では、一部地域のゴミ捨て場に「生ごみの分別回収に対するご協力に感謝しここに感謝状を贈ります」という感謝状を掲示しました。すると、感謝状を掲示したゴミ捨て場では、ゴミがきちんと分別されたり、回収の量が増えたりしました。リサイクルを進めていくためには、国や自治体、企業の取り組みだけでなく、住民の協力が欠かせないことがわかりました。

No. 12

単元｜小学5年｜わたしたちの生活と食料生産

地産地消を普及させるにはどうすればいい？

関連するSDGsの目標

問題を知ろう

離れた場所に食材を運ぶには燃料費がかかる

スーパーマーケットで売られている野菜や果物、肉、魚などをよく見ると、それらが生産された産地が書かれています。たとえば、ピーマンは高知県、イチゴは栃木県、豚肉は鹿児島県、ホタテは北海道という具合に、日本各地でいろいろなものが生産されています。また、アボカドはメキシコ、バナナはフィリピン、サーモンはノルウェーと、外国でとれたものも売られています。

これらの食品は、お店に並ぶまでに、列車やトラック、飛行機や船などで運ばれているため、燃料費がかかります。そのため、「地産地消」という考え方が広がっています。

遠い場所から運ぶときは、燃料費がかかるだけでなく、冷凍や保管などで電気代もかかります。環境への負担が大きくなってしまいますね。

千成ひょうたん/PIXTA

生産地だけでなく、農園や生産者の写真つきで野菜や果物を売っているお店もあります。

地産地消で環境への負担を減らす

「その地域でとれた作物を、その地域で消費する」。この考え方が、地産地消です。たとえば、近所でつくられた野菜なら、運ぶための燃料も少なくてすみます。また、飛行機や船、車をあまり使わなければ、二酸化炭素の排出量も増えません。つまり環境にやさしいのです。

さらに、農作物や海産物などを輸入品に頼ることなく、自分たちの生産するものでまかなうことができれば、食料が足りなくなる心配も少なくなります。

では、どうやって地産地消を進めていけばよいのでしょうか？

キミならどう解決する？

地元でとれるのに、わざわざ遠くから運んでくるのって普通に考えたらおかしいよね。地域の農業や漁業がもっともっとさかんになるように、国や県がサポートしてあげるべきだ！

地元でとれた野菜を売っている直売所に行ったことがあるよ。新鮮そうな野菜が並んでいて、お客さんもたくさん来ていたわ。ああいうところでもっと売れるようにする方法はないかしら。

地元でとれた食材を小学校や中学校の給食で毎日使ってもらうようにすれば、地産地消がもっと進むんじゃないかな。

日本や世界ではどんな取り組みをしている？

解決に向けた取り組み①

直売所で作物をもっと売る

いろいろな産地でとれた作物が並ぶスーパーとちがって、直売所では、地元の生産者が自分でつくった作物を直接持ち込みます。運ぶ距離が短いため、燃料費が安くすみ、環境への負担も少なくなります。

生産者は収穫した作物を直売所に持ち込んで並べたら、自分の畑に戻ってまた作業をします。もし直売所で売り切れてしまったら、生産者はそのことに気がつかず、たくさん売るチャンスを逃してしまいます。

そこで考えられたのが、BIPROGYという会社の、「つながるファーマーズ」というサービスです。生産者は、直売所の様子をスマートフォンアプリで見ることができ、作物をお店に持ち込むタイミングがわかります。また、消費者もお店に目当ての作物があるかどうかがわかります。生産者にとっても消費者にとっても直売所がより便利になることで、地産地消が活性化します。

スーパーや青果店のしくみ

生産者 → **農協** → **市場** → **スーパー・青果店** → **消費者**

生産者が農協などを通じて商品を市場に出し、スーパーや青果店が市場から買ってきて、お店に並べています。それを私たち消費者が買っています。

直売所のしくみ

生産者 → **直売所(生産者も参加)** → **消費者**

生産者が農産物などを直接持ち込んで並べ、その商品を消費者が買っています。

生産者はお店にいなくても、作物の売れ行きを確認することができます。品切れになると連絡がくるので、すぐに補充することができます。

豆知識 直売所で売られている野菜には、原産地や生産者の情報などが記されています。栽培にかけるこだわりや品種の魅力がのっていることもあり、消費者はその作物についてくわしく知ることができます。

解決に向けた取り組み③

6次産業化でブランド商品に

農業や水産業、林業を1次産業といいます。農林水産省は、1次産業に2次産業（工業・製造業）や3次産業（販売業・サービス業）を取り入れた「1（次産業）」×「2（次産業）」×「3（次産業）」の6次産業化を推進しています。農産物などの価値をさらに高めるというねらいがあります。

右の写真は、高知県の馬路村でつくられているゆず製品です。高知県では、ゆずをしぼってお酢代わりにしたり、魚にかけたりして、使っていました。馬路村でもゆずを栽培しましたが、山間部のため大きく育たなかったり、形が悪かったりして、なかなか売れませんでした。

そこで、村の農協が中心となって、6次産業化に取り組みました。ゆずをそのまま売るのではなく、加工食品として販売することにしました。また、高知大学との共同研究により、ゆずからとれる油を使った化粧品も開発しました。

農協は、馬路村の名前を前面に出したテレビCMやポスターをつくり、県内の消費者に「ゆずといえば馬路村」を強くアピールしました。その結果、馬路村のゆず製品は県外でも知られるようになり、売り上げは年間に30億円にもなりました。

写真提供：馬路村農業共同組合

調味料や飲料、ジャムなどにゆずが使われています。馬路村のゆずは、化学系の肥料や農薬、除草剤を使わずにつくられていることも、人気のひみつです。

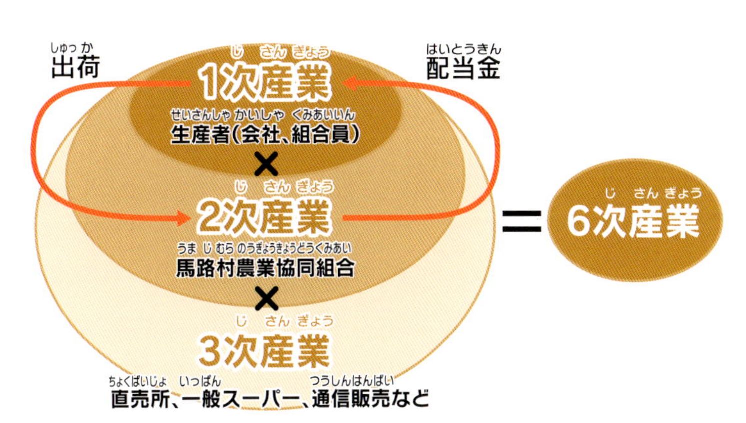

馬路村の農協は、ゆずの生産者から、収穫したゆずをすべて買い取って販売します。果汁から皮、種まですべてを加工して、直売所や一般のスーパーなどで売っています。利益が出たら、加盟している生産者に配当金を分配しています。

クイズ 人口約800人の馬路村で、ゆずの収穫の時期に開催される「ゆずはじまる祭」には、多いときで何人の人が訪れるでしょう？　①約1,000人　②約3,000人　③約5,000人

解決に向けた取り組み③

学校や施設で地域の食材を活用

地域でとれた作物が、給食で出てきたことはありませんか？　現在、学校給食で地域の食材を活用する機会が増えています。

兵庫県宍粟市の学校給食センターでは、地元生産者の協力を得て、市内産の大豆を加工した豆腐や味噌を使っています。米や野菜、果物、肉、川魚も市内でとれたものが給食に活用されています。また、毎月19日の食育の日には、宍粟市内でとれた食材だけでつくるごはんとみそ汁を基本とした給食が出されます。

写真提供：山崎学校給食センター

宍粟市の食育の日のメニュー。牛乳以外はすべて宍粟市でとれたものです。食育の日は、食事に関する知識を学ぶ日として、内閣府によって定められました。全国で、地域の料理や食の大切さ、地産地消について学ぶ日となっています。

富山県富山市の特別養護老人ホーム・ささづ苑では、利用者が食べるごはんのほか、おかず２～３品に、地域でとれる食材を利用しています。また、ささづ苑を運営する社会福祉法人は、富山市から委託された地域包括支援センターで月に１度、地域の高齢者が参加できる「ひまわりカフェ」のランチで、富山県産の食材を使った食事を提供しています。

こうした地元の食材を利用することは、輸送による環境への負担を減らすとともに、地域の食文化を守っていくことにつながります。

写真提供：ささづ苑

ひまわりカフェのランチメニューの例。米づくりや野菜づくりがさかんな富山の食材がたくさん使われています。

地産地消を進めていくと、地域への理解が深まり、地元の食材を食べることで、自分が住んでいる場所により愛着がわくようになりますね。

クイズの答え　③約5,000人。「ゆずはじまる祭」では、ゆずづくしの料理やゆずドリンクの飲み放題、ゆず風呂の無料開放などがもよおされます。馬路村の１年で、もっとも多くの観光客が訪れる日です。

わたしたちにできること

国全体で消費された食料のうち、国内で生産された食料が占める割合のことを、食料自給率といいます。日本は、外国にくらべて食料自給率が低く、外国産の食材を輸入しています。もし、食材が輸入できなくなると、必要な食料が足りなくなってしまう可能性があります。

地域で食料を生産・消費することで、食料自給率が高まるかもしれません。

おもな国の食料自給率

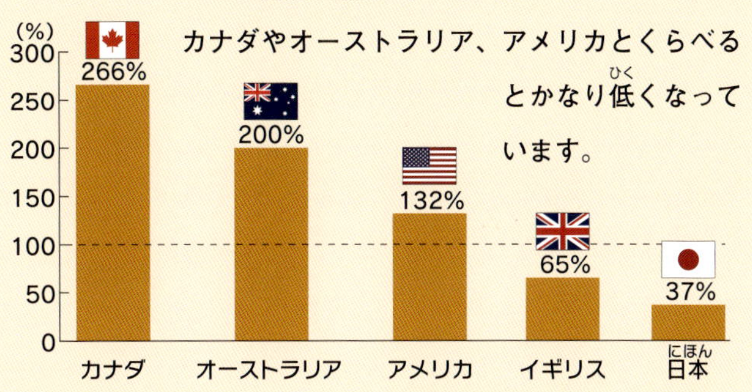

日本の食料自給率（カロリーベース）は37%で、カナダやオーストラリア、アメリカとくらべるとかなり低くなっています。

関東農政局のウェブサイトより

スーパーにも直売所のコーナーがあるところがあるよね。地元の食材が手軽に買えるようになれば、地産地消がもっと進むはず。うちも直売所コーナーをもっと利用するようにしようっと。

給食で地元のピーマンを使った料理が出てきたけど、苦手な野菜だったから残しちゃった……。友だちは普通のピーマンよりおいしいって言って食べていたから、今後は残さず食べるようにします。

お母さんが、「夕食の献立を考えるのが大変」と毎日言っているよ。直売所で地元の野菜を売るときに、その野菜を使った夕飯のメニューがのったチラシがあると、より売れるようになるんじゃないかな。

広げよう深めよう

食料が生産地から消費者の食卓に並ぶまでの輸送にかかる「重さ×距離」をフードマイレージといいます。たとえば、5tのジャガイモをアメリカから輸入した場合のフードマイレージは、5t×1万1,000kmで、5万5,000t・kmとなります。農林水産物の多くを輸入に頼っている日本は、フードマイレージの高い国として知られています。身近な食材のフードマイレージを調べてみましょう。

No. 13

単元｜小学5年｜わたしたちの生活と環境

二酸化炭素の排出量をもっと削減するにはどうすればいい？

関連するSDGsの目標

問題を知ろう

二酸化炭素などの温室効果ガスが増えている

温室効果ガスとは、大気中にふくまれる二酸化炭素やメタン、フロンなどのガスをいいます。石油や石炭を燃やす火力発電所から出る煙や自動車の排気ガス、牛のゲップ、スプレー缶のガスには温室効果ガスが多くふくまれています。

もともと温室効果ガスには、太陽の熱を大気中にとどめ、地球の気温を保つ働きがありました。ところが、近年は人間の活動によっておもに二酸化炭素などの温室効果ガスの排出量が増えすぎてしまい、地球温暖化などの問題が起こりました。

そこで世界の国ぐにでは、将来的に二酸化炭素の排出量をゼロにする「脱炭素社会」をめざす動きが広がっています。

温室効果ガスの総排出量に占めるガス別排出量の内訳（2019年）

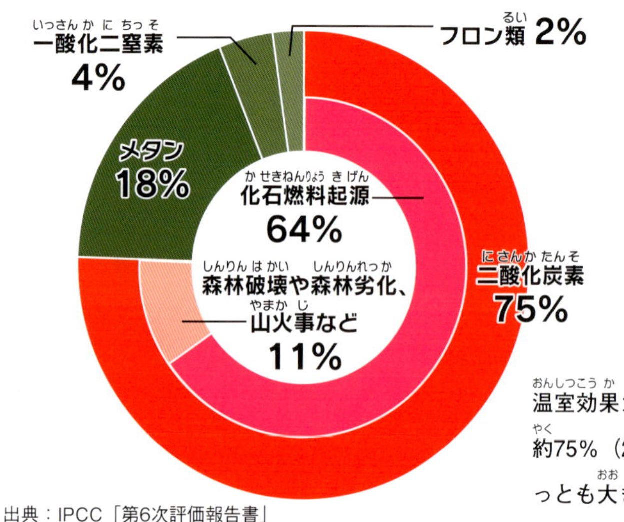

出典：IPCC「第6次評価報告書」

2015年のパリ協定で、各国の温室効果ガス削減目標が定められ、世界平均気温の上昇を1.5℃に抑えることが合意されました。この目標を達成するには、各国が足並みをそろえて「脱炭素社会」の実現をめざしていかなければなりません。

温室効果ガスのうち二酸化炭素が占める割合は約75％（2019年）で、地球温暖化への影響がもっとも大きいと考えられています。

カーボンニュートラルで脱炭素社会をめざす

世界の平均気温は、産業革命前にくらべて1.45℃上昇したといわれています。このまま温室効果ガスの排出量が増え続けると、世界の気温はさらに上昇し、気候変動や海面上昇などが起こって地球環境はよくない傾向になります。

そこで世界の国ぐには、脱炭素社会をめざして「カーボンニュートラル」に取り組んでいます。カーボンニュートラルとは、温室効果ガスの排出量を削減する努力をしたけれども、どうしても削減しきれなかったぶんを森林保全活動や植林による吸収量として差し引き、実質ゼロにするしくみです。日本は2020年10月に、2050年までにカーボンニュートラルの実現をめざすことを宣言しました。

カーボンニュートラルを進め、気温の上昇を少しでも抑えていくには、どうすればよいでしょうか？

世界の温室効果ガス排出量の推移

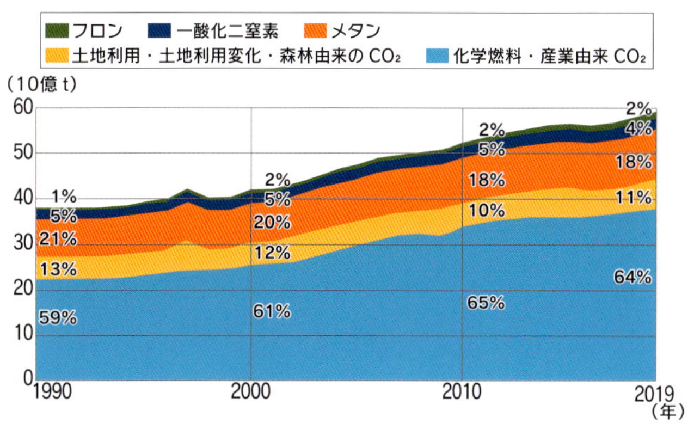

出典：IPCC「第6次評価報告書」

世界の温室効果ガス排出量は増え続けており、とくに2000〜2019年の20年間で約170億tも増加しています。

キミならどう解決する？

ガソリン車や飛行機は二酸化炭素をたくさん排出するんだよね。僕は大人になって運転免許を取ったら、二酸化炭素の排出量が少ない自動車に乗りたいな！

このまま気候変動が進むと地球は大変なことになりそうだわ。みんなが太陽光発電などの再生可能エネルギーを取り入れるような、新しいしくみが必要だと思う。

2050年のカーボンニュートラルをめざして、僕たちにもできることがありそうだよね。よい環境が長く続く取り組みを考えないとね。

解決に向けた取り組み①

廃食油を飛行機の燃料として活用する

自動車や飛行機などの乗り物は、ガソリンで動きます。その燃料からは大量の二酸化炭素が排出されます。日本を始め各国の自動車メーカーは、走っているときに二酸化炭素を出さない電気自動車や水素自動車の開発に力を入れています。

日本の大手航空会社の日本航空（JAL）や全日空（ANA）は、SAF（Sustainable Aviation Fuel）の活用を進めています。SAFは「持続可能な航空燃料」といわれ、スーパーマーケットや飲食店などで使い終わった食用油や植物油、植物や古紙、藻類などの原料からつくられます。これらの原料となる植物は、光合成をするときに大気中の二酸化炭素を吸収します。そのため、エネルギーを得るために燃やして二酸化炭素を排出しても、ふたたび植物が光合成を行うことで、炭素を循環させながら利用することができるしくみです。

こうして自然サイクルの中で原料をつくって燃焼させることで、大気中の二酸化炭素をほとんど増やすことなく飛行機を運航することができます。SAFの普及で、環境にやさしい燃料を使った乗り物が増えていくことがのぞまれます。

植物の光合成を利用したSAF利用のイメージ

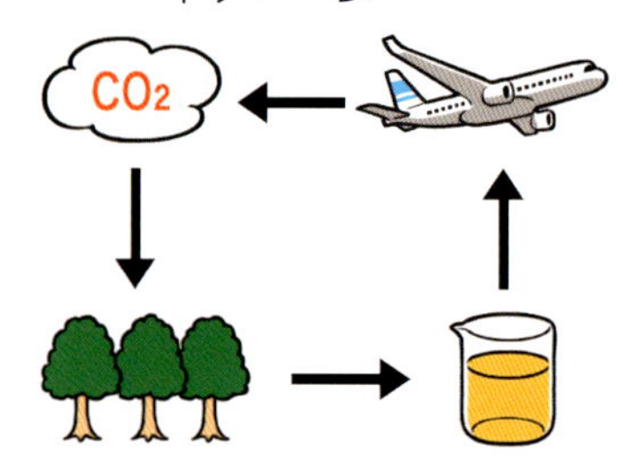

バイオマス由来の原料は、植物の光合成を経由、または人工的に大気中の二酸化炭素から炭素を取り出して製造します。

SAF利用を宣言している航空会社

- 全日本空輸(日)
- エディハド航空(UAE)
- エアカナダ(カナダ)
- デルタ航空(米)
- シンガポール航空(星)
- サウスウエスト航空(米)
- ヴァージン・アトランティック航空(英)
- エミレーツ航空(UAE)
- アエロメヒコ(メキシコ)
- ジェットブルー航空(米)
- KLM-エールフランスグループ(蘭)
- ユナイテッド航空(米)
- ルフトハンザドイツ航空(独)
- DHL航空(独)
- ニュージーランド航空(ニュージーランド)
- スパイスジェット(印)
- イージージェット航空(英)
- ヴィスタラ(印)

(ワンワールド)

- アラスカ航空(米)
- アメリカン航空(米)
- ブリティッシュ・エアウェイズ(英)
- キャセイパシフィック航空(香港)
- フィンエアー(フィンランド)
- イベリア航空(スペイン)
- 日本航空(日)
- マレーシア航空(馬)
- カンタス航空(豪州)
- カタール航空(カタール)
- ロイヤル・エア・モロッコ(モロッコ)
- ロイヤル・ヨルダン航空(ヨルダン)
- スリランカ航空(スリランカ)

(インターナショナル・エアラインズグループ)

世界の主要航空会社の多くが、2030年までに燃料の10%をSAFに置き換えることを宣言しています。

SAFのおもな原料と製造方法

おもな原料	製造方法
廃食油	使用ずみの食用油や植物油などと水素を使って製造
第1世代バイオエタノール	トウモロコシやサトウキビを発酵させてつくったアルコールから製造
非可食原料	古紙や藻などから油分を取り出し水素を使って製造、または発酵させてつくったアルコールから製造
ゴミ（廃プラスチックなど）	原料を蒸し焼きにしてつくった合成ガスから液体燃料を製造
二酸化炭素、水素	二酸化炭素と水素を合成して製造

現在は廃食油から製造されたSAFがもっとも多く使われています。

豆知識

SAFのデメリットは、通常の航空燃料より製造コストが高いことです。製造に手間がかかるうえ、技術開発の費用も必要となるため、1Lあたり2倍以上の製造コストがかかるとされています。

解決に向けた取り組み②

二酸化炭素削減に向けた「カーボンプライシング」

脱炭素社会の実現をめざして、ヨーロッパを中心に「カーボンプライシング」の導入が進められています。二酸化炭素を排出した量に応じて、企業や家庭にコストを負担してもらうしくみです。

カーボンプライシングの代表的な制度に「炭素税」があります。これは二酸化炭素の排出量に応じて企業などに課税するしくみで、1990年に世界で初めてフィンランドで導入されました。フィンランドの炭素税は、二酸化炭素1tにつき、暖房用は約7,900円、輸送用は約8,400円で、1年間に約2,300億円の税収がありました（2020年）。この炭素税収は、所得税の減税や社会保障費削減による税収減の補てんに使われています。

また、「排出量取引制度」では、企業が排出できる二酸化炭素の上限が決められ、それを超える企業は上限に達していない企業にお金を払って必要なぶんを買い取ります。この制度は2005年にEUで始まり、日本では東京都や埼玉県などの自治体で導入されています。

こうした動きの中、日本政府は2023年２月に、エネルギーの安定供給を図りながら脱炭素を進める新しい政策を打ち出しました。しかし、本格的なカーボンプライシング制度の導入にはまだ課題も多く、議論が続いています。

排出量取引制度のしくみ

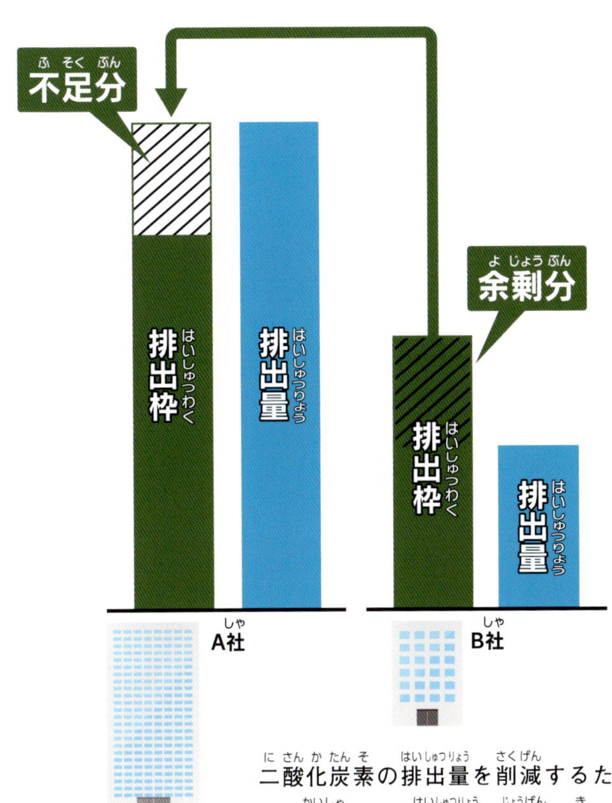

二酸化炭素の排出量を削減するため、会社ごとに排出量の上限を決めて排出枠とします。排出枠が足りなくなった会社は、排出枠が余っている会社から買い取ることで、排出量を削減したとみなすようにする制度です。

二酸化炭素をたくさん排出すると税金が課されたり、排出するものに価格をつけたりすれば、できる限り二酸化炭素を出さないように、みんなが知恵をしぼって努力するんじゃないかな。

クイズ 日本は2021年10月に閣議決定された「地球温暖化対策計画」で、2030年度に温室効果ガスの排出量を2013年度にくらべて何％削減することを目標としたでしょう？　①26％　②46％　③86％

解決に向けた取り組み③

大学と車メーカーがブルーカーボンを共同研究

九州大学とトヨタ自動車九州は、脱炭素社会に向けて、2023年4月から「ブルーカーボン」の共同研究を始めました。ブルーカーボンとは、海藻や海草など海洋植物の働きによって海中に吸収・貯留される炭素のことで、「海のカーボンニュートラル」とも呼ばれています。

大気中の二酸化炭素は、光合成によって海中の藻場や湿地、干潟、マングローブ林などの生態系に取り込まれ、炭素としてたくわえられます。しかし、それらの生態系は年々減ってきているため、藻場の再生や保全活動に取り組むことで、より多くのブルーカーボンを生み出し、二酸化炭素削減につなげようというものです。

©トヨタ自動車九州株式会社

©トヨタ自動車九州株式会社

九州大学水産実験所とトヨタ自動車九州は、福岡県福津市津屋崎の海中に海藻の胞子を付着させるロープを設置。海藻の生育に適した条件や、より多くの胞子が根付くロープの張り方などを調査しています。

陸上と海中の二酸化炭素吸収量の比較

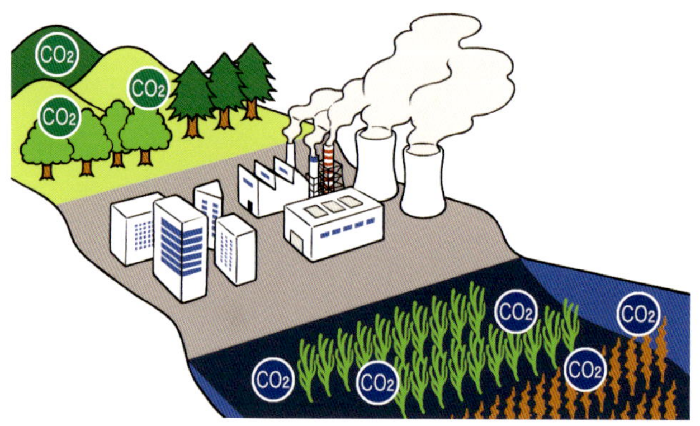

二酸化炭素の吸収量は、陸上（グリーンカーボン）は年間19億tに対して、海中（ブルーカーボン）は年間29億tにのぼるといわれています。

トヨタ自動車九州は、2035年の工場カーボンニュートラル達成に向けて、ブルーカーボンによるカーボンオフセット*に着目しました。そこで海藻の育成や藻場再生の技術を持つ九州大学水産実験所と共同研究をすることで、持続可能なブルーカーボンの環境を整えることをめざしています。

*カーボンオフセットとは、温室効果ガスの削減努力をしたうえで、やむを得ず排出される温室効果ガスを埋め合わせるため、ほかの場所で排出削減や吸収の取り組みをしたり、削減活動に出資したりするしくみです。

まわりを海に囲まれた日本では、海中に蓄積されるブルーカーボンは二酸化炭素削減の新たな選択肢です。藻場保全の技術は、脱炭素社会をめざすうえで欠かせないものとして注目されています。

クイズの答え ②46%。日本政府はカーボンニュートラルの実現に向けて、2021年10月に「地球温暖化対策計画」の見直しを行い、2030年度に2013年度比で46%の温室効果ガス排出量削減を閣議決定しました。

わたしたちにできること

環境省は、2050年までに脱炭素社会の実現をめざす「ゼロカーボンアクション30」を進めています。具体的には、移動に自動車を使わず、なるべく自転車や公共交通機関を利用する「スマートムーブ」や、省エネや再生可能エネルギーへの切り替え、二酸化炭素の少ない脱炭素型の商品やサービスを選ぶことなどがあげられます。できることから取り組みましょう。

ゼロカーボンアクション30

エネルギーを節約・転換しよう！	太陽光パネル付き・省エネ住宅に住もう！
CO_2の少ない交通手段を選ぼう！	食ロスをなくそう！
環境保全活動に積極的に参加しよう！！	CO_2の少ない製品・サービスなどを選ぼう
3R（リデュース、リユース、リサイクル）	サステナブルなファッションを！

近い距離なら歩くとか自転車に乗るとかして、なるべく二酸化炭素を出さないようにするよ。歩くと健康にもいいしね！

海の中の藻や海草が二酸化炭素を吸収してくれるなんてすごい！　藻場の保全活動にも参加して、海の中で二酸化炭素がどう循環しているのか調べてみたいな。

夏はすずしい新素材のTシャツでクールビズ、冬はかわいいニットとマフラーでウォームビズしよっ！

脱炭素社会をめざすには、社会のしくみを変えることも必要ですが、私たち一人ひとりがライフスタイルを変えていくことも大事ですね。

広げよう深めよう

環境省は、国民・消費者の行動や生活スタイルを変えることをあとおしするために、新しい国民運動「デコ活」を展開しています。

- デ：電気も省エネ　断熱住宅
- コ：こだわる楽しさ　エコグッズ
- カ：感謝の心　食べ残しゼロ
- ツ：つながるオフィス　テレワーク

私たちも二酸化炭素削減に向けて取り組めることを調べて実行していきましょう。

No. 14

単元｜小学6年｜世界の中の日本

海面が上昇してしずむ国はどうやって守ればいい？

関連するSDGsの目標

問題を知ろう

海面上昇によって陸地が少なくなる

私たちが暮らす地球では、年々気温が高くなるとともに、海水温も高くなっています。その結果、グリーンランドや南極大陸を覆っている氷床がとけています。海水温が高くなると、海水自体も膨張するため、海面水位の上昇も進みます。20℃の海水が１℃上昇すると、体積は約0.025％膨張します。

1901年から2018年の期間で、海面水位（世界平均）は15〜25㎝上昇したといわれています。気温や海水温の上昇に対して何らかの対策をしなければ、海面水位がますます上昇して、陸地が海にしずんでしまうと考えられています。

海面水位が１ｍ上昇すると、多くの島国は危機におちいります。日本でも砂浜の９割がなくなってしまうといわれています。

海面水位はどうなる？

出典：IPCC「第6次評価報告書」

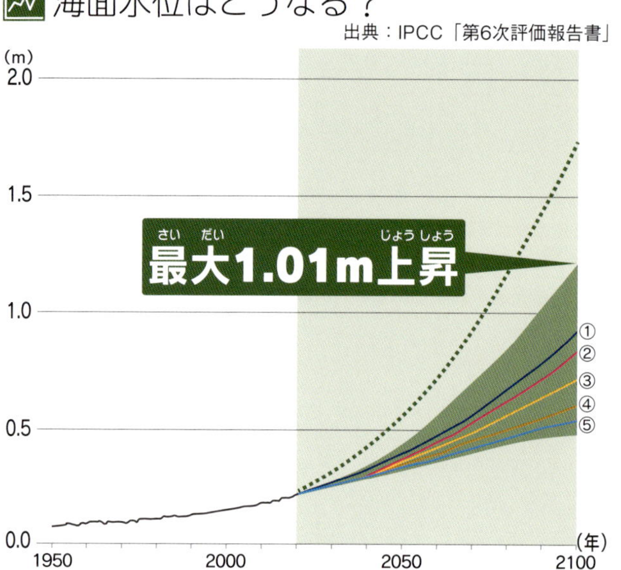

海面水位がどれだけ上昇するかを予測するには、気候変動対策がどう行われるかを予測する必要があります。世界中の科学者が協力する政府間組織「気候変動に関する政府間パネル（IPCC）」は、上の図のように気温上昇の５つのシナリオから、海面水位の上昇具合を予測しました。それによると、気温上昇が低く抑えられた場合は海面水位が32〜62㎝上昇し、化石燃料を使い続けて気候変動対策をしなかった場合は海面水位が63㎝〜１ｍ１㎝上昇すると見られています。

海面上昇によって起こる被害

海面水位が上昇すると、陸地が少なくなり、安全に住める場所が不足するだけでなく、塩水によって農作物にも被害がおよびます。田んぼに塩水が入ると、稲が弱ったり、枯れてしまったりします。

また、飲み水にも影響が出ます。河川に海水が侵入すると、飲み水をくみ上げていた取水口に海水が入り、飲料水や工業用水の水質が悪化し、人々は暮らしていけません。さらに、台風や低気圧が接近したときには、高潮や高波の被害にあいやすくなります。

では、こうした海面上昇による被害を防ぐには、どうすればよいでしょうか？

Lam Van Linh/Shutterstock.com

ベトナムでは、田んぼに塩水が入って稲が枯れ、米が育てられなくなった場所があります。

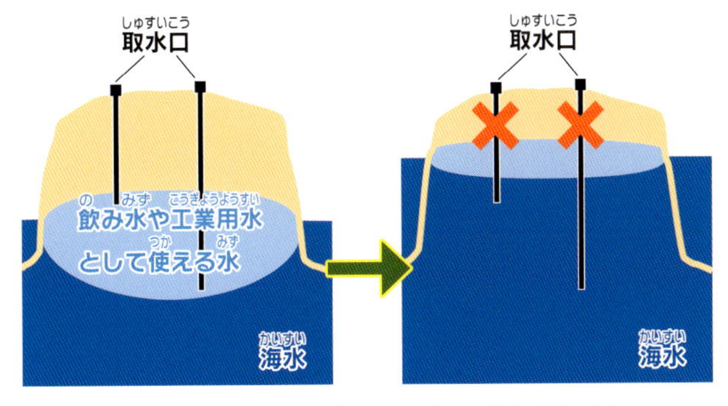

海面水位が上がると、飲み水として使える水の量が少なくなります。

キミならどう解決する？

海面上昇は世界全体の問題だから、世界的なルールを決める必要があるわ。

海面がどれだけ上昇するかを予測できる国や島は、何らかの対策をしているはずだよね。それらの国の対策を見習っていこう。

海面が上がってもしずまないように、島全体を高くすればいいんじゃないの？

解決に向けた取り組み①

原因となる気温上昇に対応するパリ協定

海面上昇の原因である気温上昇に対応していくため、2015年にフランス・パリで、COP21（国連気候変動枠組条約第21回締約国会議）という会議が開かれました。この会議では、「世界の平均気温上昇を産業革命以前にくらべ2℃より十分低く保ち、1.5℃に抑える努力をする」という目標が定められました。これを、パリ協定といいます。

パリ協定では、各国がそれぞれに温室効果ガスの削減目標を作成し、国連に提出しています。

おもな国の2030年までの削減目標

EU 55%以上削減（1990年比）
ロシア 30%削減（1990年比）
アメリカ 50～52%削減（2005年比）
日本 46%削減（2013年度比／2030年度において）
中国 65%以上削減（2005年比／GDPあたり）
インド 45%削減（2005年比／GDPあたり）

出典：全国地球温暖化の防止活動推進センターのウェブサイトより

温室効果ガスの削減目標は国によってバラバラです。これは、国ごとの経済状況や産業の発展度合いがちがうためです。

解決に向けた取り組み②

首都の移転を計画しているインドネシア

インドネシアの首都ジャカルタは、地盤沈下と気候変動による洪水被害が深刻で、これ以上海面の上昇が進むと、都市全体が水没してしまう危険性があります。こうした理由などから、政府は2019年に首都を移転することを決めました。移転先はインドネシアの中心部にあるカリマンタン島東部で、新しい首都の名前は「ヌサンタラ」になることも決定しています。2024年から、新都市に段階的に首都機能が移される計画です。

新首都の移転先

豆知識 塩分がふくまれる海水は農業に適さないといわれます。ところが、国土の4分の1が海抜0m以下のオランダでは、海水で育つジャガイモの栽培実験が行われています。

解決に向けた取り組み③

オーストラリアによるツバル移民受け入れ

Romaine W／Shutterstock.com

空から見たツバル。もともと砂浜があった場所が海になっています。

ツバルと聞くと、小学校の社会科の授業で学習した人も多いと思います。平均で海抜２ｍほどの高さしかないツバルは、温暖化による海面上昇で、消滅の危機に直面しています。

2023年にオーストラリア政府は、気候変動によって壊滅的な被害を受けているツバル国民に対し、毎年最多280人にビザ（査証）を発行することを決定しました。ビザとは「入国を許可する書類」のことで、観光用、留学用などさまざまな種類があります。今回、オーストラリア政府が発行するビザは、居住・就業・就学のすべてが可能な幅広いもので、国土を失う危機が迫っているツバル国民を移民として受け入れるということです。

解決に向けた取り組み④

ツバル政府のメタバース国家計画

ツバルは、国を挙げてメタバースを活用し、デジタル国家としての取り組みを進めています。メタバースとは、インターネット上につくられた仮想空間のことです。海面上昇により国土がしずんでしまう可能性があるため、島の景観や歴史・文化などをデジタル化して、仮想空間に残しています。国土がなくなっても、領土や文化、主権などを再現できる可能性があります。

出典：https://www.tuvalu.tv

ツバルの「デジタル国家」構想のウェブサイト。

クイズ
ツバルの国旗には９つの星が描かれています。この星は何をあらわしているのでしょうか。
①歴代の王様の人数　②国を構成している島の数　③世界遺産の数

解決に向けた取り組み⑤

海面上昇に備えた人工の島

海面上昇が進むと、ツバルと同じような国も出てきます。インド洋上に点在する1,192の島から構成されたモルディブ共和国も、そのひとつです。

モルディブの島の8割は、海抜1m以下です。そのため、温暖化によって海面が1m上昇した場合、国の大部分が失われてしまいます。すでに、97%の島で浸食が始まり、64%の島では深刻な被害が出ています。そこで、モルディブ政府は国民を移住させるため、首都マレの北東、フェリーで約15分のところにある、海を埋め立てて建造した人工島「フルマーレ」の拡張工事を進めています。

この人工島は、もともと20年ほど前に人口過密の解消を目的として建設されたものですが、海面上昇対策もとられていて、海抜は2mが基準となっています。現在5万人あまりが生活をしていますが、島の面積を2倍にして、2050年ごろまでに全国民の約3分の2にあたる24万人が住めるようにする計画が進んでいます。

また、「フルマーレ」とは別に、モルディブ政府は海に浮かぶ都市の建造計画も進めています。こちらは、海上に数多くのブロックを浮かべて、その上に、3万人が住む家を始め、商店や学校、映画館などを建てる予定です。この「水上都市」は海に浮いているので、どれだけ海面が上昇しても、それに合わせてブロック全体が浮き上がり、安全です。

モルディブの地図とフルマーレ島

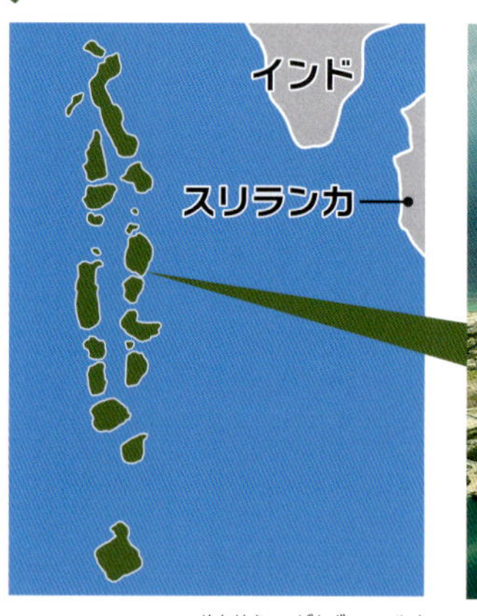

Mario Hagen / Shutterstock.com

フルマーレの面積は現在、約4㎢あります。環礁の内側に海底からすくい上げた砂を積んで建設されています。平均標高は約2mで、今後100年間の海面上昇にたえられる設計となっています。フルマーレへの移住は、2004年から始まっています。

クイズの答え ②国を構成している島の数。ツバルは太平洋に浮かぶ9つの島で構成され、そのうち人が暮らしている島は8つです。ツバルという国名には、「立ち上がる8つの島」という意味があります。

わたしたちにできること

日本の公的な地質調査・研究組織である地質調査総合センターは、海面上昇シミュレーションシステムをサイトで公開しています。こうしたものを通して、このまま温暖化が進んで海面が上昇すると、自分たちが大人になったとき、地球上のどの土地が海にしずんでしまうか、考えてみましょう。

・現在

・1m上昇した場合

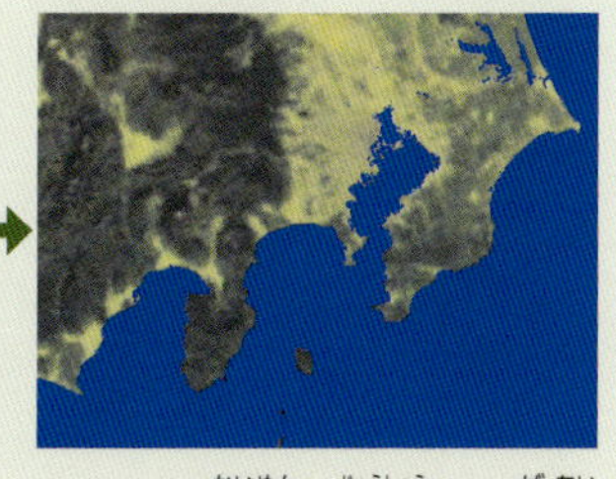

海面上昇シミュレーションシステムでは、海面が上昇した場合にどの地域が水没するかがわかるようになっています。1m上昇するだけで陸地が少なくなることがわかります。

海面が上昇すると、ひとつの国を守ることも難しくなるんだね。環境にやさしい生活をしていかないとね。

パリ協定のあとに各国が示した目標が達成されているかどうかを、意識して生活していきたいね。

海面上昇は、地球全体に関係する問題です。もちろん日本も島国なので、他人事ではありません。温暖化への対策などを考えていかなければなりませんね。

ツバルの情報を発信したり、ツバルの人々を支援したりしている人や組織がないか探してみよう。

広げよう深めよう

温暖化による海面上昇は、ツバルやモルディブなど南の島国だけの問題ではありません。日本沿岸の平均海面水位は、1980年代後半以降は上昇傾向にあり、とくに2004～2023年の間に1年あたりで3.5mm上昇しています。このまま日本でも海面が上昇し続けると、水害や生態系への深刻な影響が出ることが懸念されています。

No. 15

単元｜小学4年｜住みよいくらしをつくる

海洋プラスチックゴミをなくすにはどうすればいい？

関連するSDGsの目標

問題を知ろう

世界中の海が「プラゴミ」だらけ……？

今、世界中の海は、人間が捨てたペットボトルやポリ袋などのプラスチックゴミであふれています。その量は合計1億5,000万t以上ともいわれています。

このような「プラゴミ」は、海の生物たちへ影響を与えており、魚類を始め、ウミガメや海鳥、クジラなどの海洋哺乳動物など少なくとも700種ほどに被害をもたらしています。たとえば、ポリ袋をえさとまちがえて食べてしまって、死んでしまうことが日常となっています。

日本では、2018年の夏、神奈川県鎌倉市の浜辺に打ち上げられたクジラの赤ちゃんの胃の中からプラスチックゴミが出てきました。

2016年1月に開催された世界経済フォーラム（ダボス会議）では、「2050年までに海洋中に存在するプラスチックの量は、重量ベースで魚の量を超える」との試算が報告されています。

太平洋の海流とプラスチックゴミがある場所

海に流れ出たプラスチックゴミは、海の環流によって運ばれ、たまり続ける場所があります。その最大の規模となるのがアメリカのカリフォルニア州とハワイの間にある「太平洋ゴミベルト」です。

海洋プラスチックゴミ（海にあるプラスチックゴミ）がこのまま増え続けると、海の生物だけでなく、漁業や観光業への影響や船の運航の障害、沿岸地域の環境の変化も懸念されます。

あなたは「プラゴミ」を食べている？

道ばたや川に捨てられたプラスチックゴミは、川から海に流れ出します。日本をふくむ世界の国ぐにには、便利な生活をするために、海を犠牲にしてきました。その海から、人間の体への悪影響が心配されることが起きています。

海へ流出したプラスチックゴミは、波の衝撃や紫外線の影響で砕けて小さくなり、5mm以下の微細なマイクロプラスチックになります。マイクロプラスチックは、スポンジのように海中の有害物質を表面に吸着させていき、やがて海鳥や小魚がえさとかんちがいして食べてしまいます。その海鳥や小魚を食べる大きな動物や魚を、人間は食べています。知らないうちに、プラスチックと有害物質を体内に取り込んでいる可能性があるのです。

プラスチックだらけの海を泳ぐウミガメ。小さなプラスチックを食べてしまったり、ビニール袋が体にからまったりすることもあります。

Rich Carey/Shutterstock.com

写真提供：由井薗健

東京湾の海岸には、大小さまざまなプラスチックゴミが打ち上げられています。

キミならどう解決する？

使い捨てのプラスチック製品をつくっているのは企業だよね。プラゴミをなくすために、世界各国で法律をつくって企業に守らせることはできないのかな。

海が汚れると人間の体に影響が出るなんて、怖いわ。みんなでプラゴミを拾っていかないと。

プラスチック製品は、分解されなくて自然に戻らないから、事態は深刻だよ。プラスチック製品ではない、自然にやさしいものを使わないといけないね。

日本や世界ではどんな取り組みをしている？

解決に向けた取り組み①

法令でプラスチックの製造・使用を規制

世界の海はつながっています。海洋プラスチックゴミをなくすことは、日本だけでなく世界全体で取り組むべき問題です。

世界の国ぐにでは、プラスチックゴミを削減するためのルールづくりが進められています。いくつか紹介します。

インド　2022年からカップ、皿、小型ボトル、ストロー、ビニール袋などの使い捨てプラスチック製品の製造、使用および輸入が禁止されています。

ケニア　2017年にプラスチック製の袋の製造・輸入・包装・使用が全面的に禁止されました。違反した場合、約220万円～440万円の罰金または1～4年の懲役、もしくはその両方が科せられます。

ニュージーランド　肉用トレーやテイクアウト用の容器、コーヒーカップなどに使われるポリ塩化ビニルやポリスチレン製の包装・容器などが段階的に禁止されています。

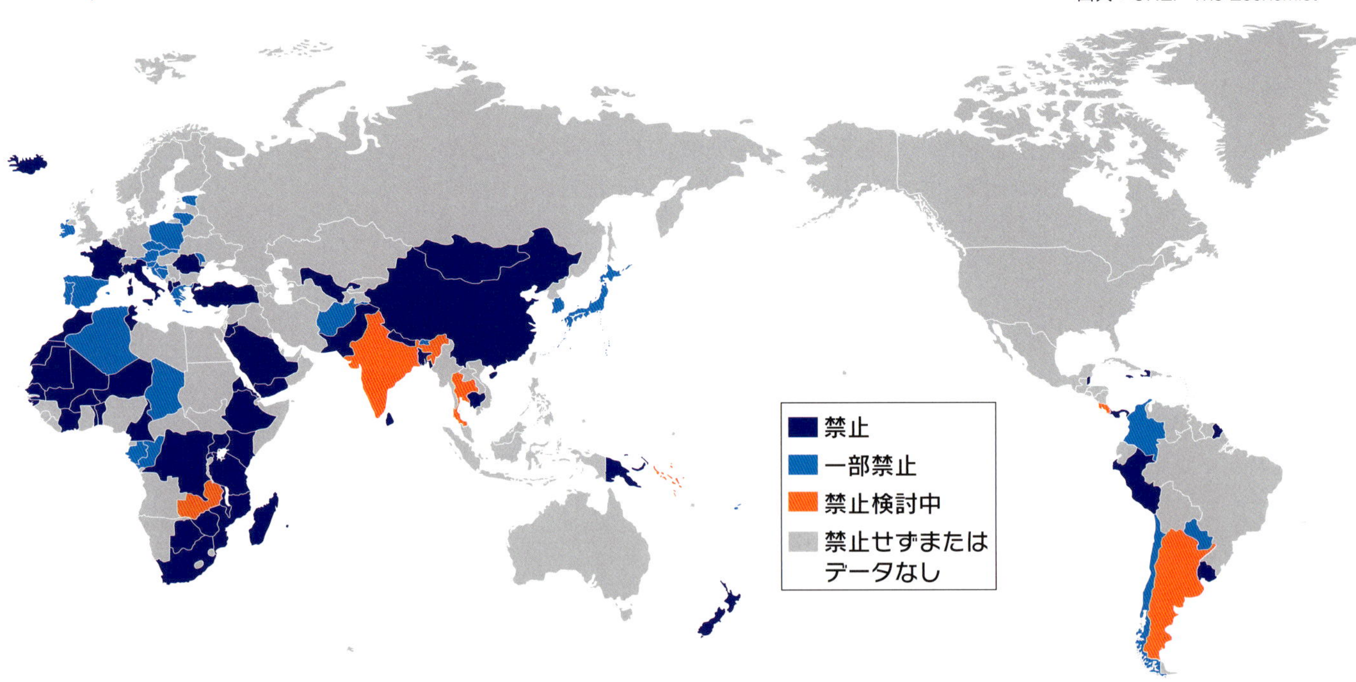

レジ袋を置く店に税金をかけたり、消費者に有料で売ったりする国と、レジ袋を使ったり、製造したりすることを禁止している国があります。日本は、2020年7月からレジ袋が有料化されました。

豆知識　スターバックス コーヒー ジャパンでは、2020年3月からすべての店舗で紙ストローに切り替えました。それにより、年間約2億本分のプラスチックストローを削減できるとのことです。

解決に向けた取り組み②

プラスチックに代わる新素材の開発

2022年４月１日より、プラスチックの使用量をできるだけ抑え、再利用・再資源化していくことを目的として、「プラスチック資源循環促進法」が施行されました。ゴミとなるプラスチックをできるだけ使わずに商品開発をしている企業も増えています。

そして、プラスチックに代わる素材として注目されているのが、バガスです。

バガスとは、砂糖をつくるために使われたあとの、サトウキビのくきや葉などの繊維質です。サトウキビは、70カ国以上で年間に約12億t生産されています。そのうち約１億tがしぼりかすのバガスとなります。

バガス容器ができるまで

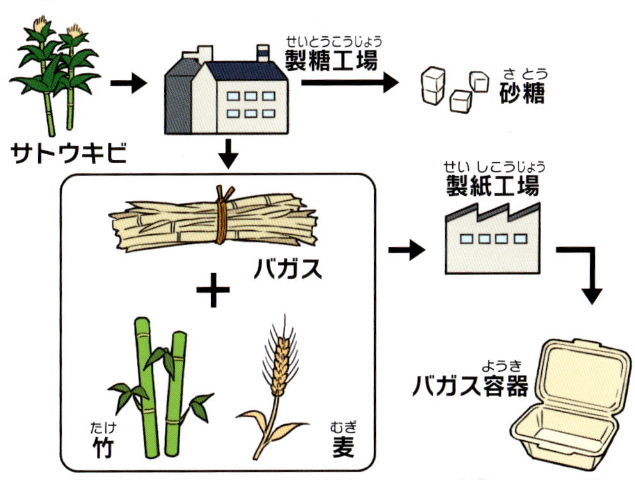

バガスは弁当の容器のほか、お皿やコップの素材としても使われています。紙を使用しておらず、森林を守る意味でも環境にやさしい素材です。

特定プラスチック使用製品（12品目）

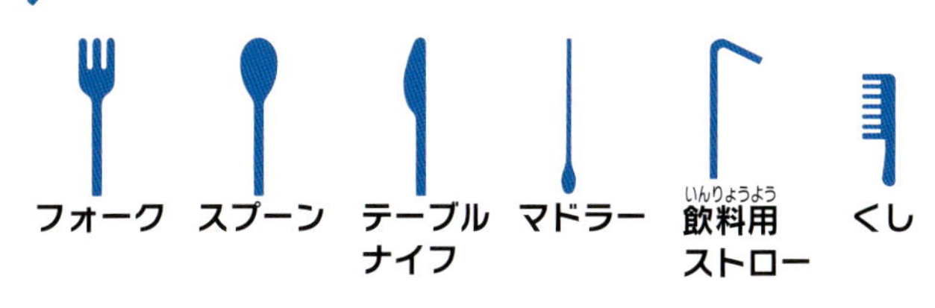

ヘアブラシ　かみそり　シャワーキャップ　歯ブラシ　衣類用ハンガー　衣類用カバー

これらの製品を提供するコンビニやスーパーマーケット、ホテル、クリーニング店などは、有料化したり、代替素材に転換したり、軽量化したりなどの削減対策をしなければいけません。

バガスは、砂糖づくりで使うボイラーを動かす燃料として使われていました。しかし近年は、プラスチックの代わりの素材として、弁当の容器などに加工されるようになっています。バガスは繊維がつまっているため、型くずれしにくく、がんじょうです。また、軽いので食品トレイにぴったりです。

普通の容器と同じように使えるなら、プラスチック容器はバガス製の容器にどんどん置き換えていくといいかもね。

クイズ　世界の海には、毎年どれくらいのプラスチックゴミが流れ出ているでしょう。
①約８万t　②約80万t　③約800万t

解決に向けた取り組み③

ゴミ拾いをスポーツとして楽しむ

写真提供：日本財団 海と日本プロジェクト

2023年には、全国40チーム、120人が参加し、約383kgのゴミが集められました。

「スポGOMI」という言葉を聞いたことがありますか？　一般社団法人ソーシャルスポーツイニシアチブは、老若男女が楽しく参加できるように、ゴミ拾いをスポーツにしました。制限時間内で、3～5名でチームを組んで、地域の分別ルールにしたがってゴミ拾いをします。ゴミの種類ごとに設定されているポイントが勝敗を分けます。2008年から活動を開始し、今では毎週のように日本各地で開催されています。

2019年には、「スポGOMI甲子園」が始まりました。この大会では、海洋ゴミ問題への気づきをテーマに、各地の高校生が各エリアでゴミ拾いに取り組み、ゴミ拾い日本一が決まります。高校生3名がチームを組み、競技時間の60分間であらかじめ決められた競技エリア内のゴミを拾い、その質と量を競います。

地方大会で勝ち上がったチームは、東京・墨田区で行われる全国大会で日本一を競います。

「スポGOMI」は日本だけでなく世界でも注目されるようになり、2023年11月には、「第1回スポGOMIワールドカップ決勝大会」（企画・統括・支援：日本財団）が東京・渋谷区で開催されました。この大会は、世界各地で行われた予選を勝ち抜いた21チームによって競われました。

優勝したのは、前後半各45分＋分別各20分で83.7kgを回収したイギリス代表チームで、日本代表チームは準優勝でした。日本から始まったゴミ拾いのアクションは、世界へと広がっています。

優勝したイギリス代表チーム。前半1位だった日本代表チームを逆転しました。

写真提供：日本財団 海と日本プロジェクト

これならプラゴミ拾いも、みんなで楽しく取り組めそう。でも、マイクロプラスチックまで拾うのは難しそうね。

クイズの答え　③約800万t。飛行機のジャンボジェットに換算すると、なんと5万機分の重さの「プラゴミ」が、毎年海へ流れ出ていることになります。

わたしたちにできること

日本は、1人あたりのプラスチック容器包装の廃棄量が、世界で2番目に多い国です。

お店では、プラスチックのパッケージに入った商品がたくさん並んでいます。私たちは、プラスチック製のスプーンやストローのほか有料のレジ袋を受け取り、毎日のようにプラスチックゴミを出しています。お店でもらうことをやめるだけでも、自分たちでゴミを出さずにすみます。

海の「プラゴミ」をなくすため、身のまわりの小さなことから、始めてみましょう。

これからもマイボトルを持ち歩くようにしよう。そして、もっとたくさんプラゴミ問題を学んで、より多くの人たちにSNSなどで発信していきたいな。

私はマイバッグを持参してレジ袋はもらわないし、簡易包装を頼むようにするよ。海・川・山のレジャーでは必ずゴミを持ち帰るわ。ゴミ拾いイベントにも参加したいな。

私たち一人ひとりが日々の暮らしの中でできることをする、その取り組みが海洋プラスチックゴミを減らすことにつながるんだという気持ちを持つことが大切ですね。

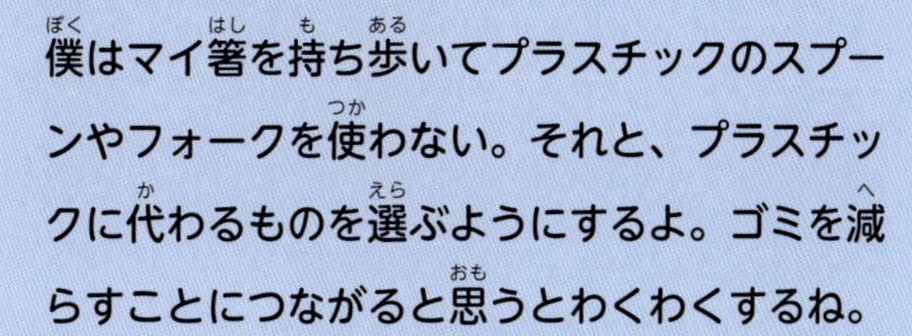

僕はマイ箸を持ち歩いてプラスチックのスプーンやフォークを使わない。それと、プラスチックに代わるものを選ぶようにするよ。ゴミを減らすことにつながると思うとわくわくするね。

広げよう深めよう

魚型ロボット「ギルバート」は、2022年にイギリスのサリー大学の学生エレノア・マッキントッシュによって設計されました。水中を進みながらマイクロプラスチックを吸引する機能があります。こうした先端技術も、海洋プラスチックゴミをなくすために生かされています。

エラの部分からマイクロプラスチックを吸い込み、お腹の部分にため込んでいきます。

No. 16

単元｜小学5年｜わたしたちの生活と環境

サンゴ礁を守るにはどうすればいい？

関連するSDGsの目標

問題を知ろう

サンゴが死ぬと海の生態系が壊れる

サンゴは、25～29℃の水質のよい海にすむ生物です。サンゴ礁とはサンゴが積み重なってつくられた地形のことをいい、日本では沖縄県や鹿児島県の近海に広がっています。そこには、9万種類もの生物がすんでいて、魚が集まってくる漁業に欠かせない大切な資源です。

また、サンゴ礁はダイビングなどを楽しめる観光スポットであり、激しい波から海辺を守る防波堤の役割も果たしています。ところが、沖縄のサンゴ礁では、「白化」が進んでいます。白化とは、サンゴの体内で共生して光合成によって栄養をもたらす褐虫藻がいなくなり、骨格がすけて見えている状態のことです。そのままにしていると、サンゴは死んでしまい、サンゴ礁のまわりの生態系に悪い影響がおよびます。

日本近海のサンゴの分布図

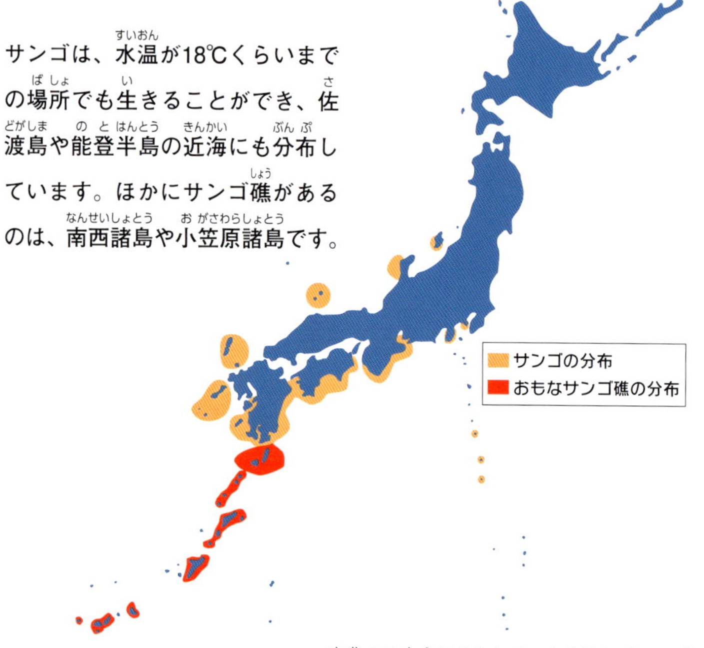

出典：日本全国みんなでつくるサンゴマップ

沖縄をふくむ世界のサンゴの白化現象は、1980年代から急激に増えました。

サンゴが死んでしまう原因は？

日本全体のサンゴの約80％が生息している沖縄の島じまで、サンゴが減っているおもな原因は、次の3つだと考えられています。

緑や茶色の色素を持つ褐虫藻がいなくなると、サンゴは白くなってしまいます。

①赤土の流入

農地などから赤土や肥料などが海に流れ出し、透明度が下がって褐虫藻の光合成ができなくなりました。また、赤土が積もって、サンゴの呼吸がさまたげられました。

②オニヒトデの増加

サンゴを食べるオニヒトデが大量に増えると、サンゴが死んでしまいます。

③海水温の上昇

海水温が上がることで、褐虫藻がサンゴの体内から逃げ出したり、死んでしまったりします。

沖縄のサンゴを守るには、どうすればよいでしょうか？

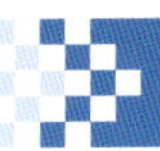

キミならどう解決する？

赤土が海に流れ出ないようにする工夫が必要だよね。そもそも、沖縄県にはそのルールはないのかな。

オニヒトデを捕まえるか、増やさない方法を考えないといけないわね。魚を捕まえるみたいに、網で群れを捕まえることはできないのかしら。

温暖化で海水温が上昇するなら、温暖化を食い止めるしかないね。世界の国ぐにがサンゴの現状を把握すれば、もっと危機感を持って温暖化対策に取り組めるんじゃないかな。

日本や世界ではどんな取り組みをしている？

解決に向けた取り組み①

赤土の流出のおそれがある地域を監視

沖縄は第二次世界大戦のあとアメリカに占領され、1972年になって日本に復帰しました。その直後から、大型のホテルやゴルフ場、道路や空港、港などが次々と建設・整備されていきます。

沖縄の地質は独特で、パサパサした赤土が地表に近いところにあり、あちこちで赤土が掘り起こされたため、雨が降るたびに海に流れ出しました。それによってサンゴが死んでしまったのです。

サンゴが死ぬことで漁業に関わる人たちが影響を受けるようになり、赤土を流入させないルールがつくられました。沖縄県では、2013年につくられた沖縄県赤土等流出防止対策基本計画にしたがって22の海域が重点監視地域と定められており、流出がないかの監視が続けられています。

沖縄県が監視している地域の例

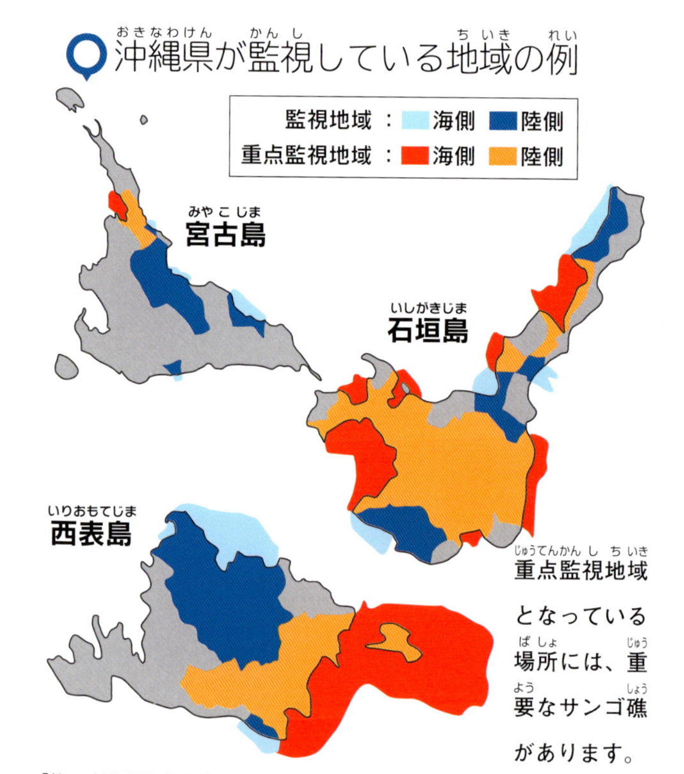

重点監視地域となっている場所には、重要なサンゴ礁があります。

「第２次沖縄県赤土等流出防止対策基本計画」の重点監視地域及び監視地域図を加工して作成

解決に向けた取り組み②

赤土の流出を防ぐグリーンベルト

沖縄では、畑の赤土が川を伝って海へ流れ出すのを防ぐため、ベチバーというイネ科の植物が植えられています。畑の周辺にベチバーを20～40cm間隔で植えてグリーンベルトをつくり、雨水による流出を防ぎます。また、ベチバーが成長したら刈り取って作物をつくっていない土地に敷き、むき出しになった赤土が飛散したり、流れ出たりするのを防いでいます。

畑に植えられたベチバー。栽培が簡単で、病害虫もつきにくく、トラクターで踏んでも再生します。

©赤土流出防止プロジェクト／沖縄県農林水産部営農支援課

豆知識 サンゴに有害な赤土ですが、沖縄を代表する農作物のパイナップルやサトウキビ、シークヮーサーなどを育てるのには向いています。そのため、農家も赤土が流れ出るのは困りごとなのです。

解決に向けた取り組み③

オニヒトデの駆除とサンゴの植え付け

オニヒトデはサンゴを好んで食べるヒトデで、1匹で1年間に5～13㎡のサンゴを食べるといわれています。

1971年、沖縄本島の恩納村でオニヒトデが大量に発生し、周辺のサンゴ礁に被害が出ました。その後もオニヒトデは何度か大量発生し、現在は毎年駆除されています。

写真提供：恩納村漁業協同組合

オニヒトデを引き出しているところ。大きさは直径30㎝くらいで、最大で直径60㎝くらいになります。

オニヒトデを駆除するには、専門のダイバーが海中にもぐり、金属製の串や鉤（ひっかける道具）を用いて、サンゴ礁の上や間にいるオニヒトデを引き出して集めます。それを船に積んで陸まで運び、廃棄物処理場などで処理しています。

写真提供：恩納村役場

ドリルで穴を開けて専用のスティックにくっつけたサンゴの苗を差し込み、固定します。

大量発生する原因がはっきりわかっておらず、地道に駆除していくしかないことから、沖縄県と恩納村では、オニヒトデが発生・駆除した海域を調査して大量発生に備えています。

恩納村は、2018年に「サンゴの村」を宣言し、毎年3月5日をサンゴの日として、「恩納村Save The Coralプロジェクト」を開始しました。このプロジェクトでは、サンゴの苗の植え付けやビーチの清掃活動のほか、桜などの木を植える活動が行われています。

サンゴの苗は、温室のような陸上の水槽で数週間育てられます。その後、地元の漁師やダイバー、ボランティアの人たちによって、海底の苗床へ移されます。3カ月～半年ほど育てたあと、岩場などに植え付けられます。

クイズ 沖縄を代表する名産品で、その見た目から「グリーンキャビア」と呼ばれる海藻の名前は？
①ゴーヤー ②海ぶどう ③島ラッキョウ

解決に向けた取り組み④

サンゴ礁を守る国際パートナーシップ

沖縄だけでなく、世界中のサンゴが海水温の上昇によって白化しており、1994年には国際的なサンゴ礁の保全と研究を推進する「国際サンゴ礁イニシアティブ（ICRI）」という組織がつくられました。

ICRIは、①サンゴ礁の現状を知るためのモニタリング活動、②会議やフォーラムを通じた情報交換、③開発途上国へのサンゴ礁に関する啓発活動などを行っています。こうした活動を通して、サンゴ礁を守るノウハウや情報を発信しています。

国際サンゴ礁イニシアティブに参加している国

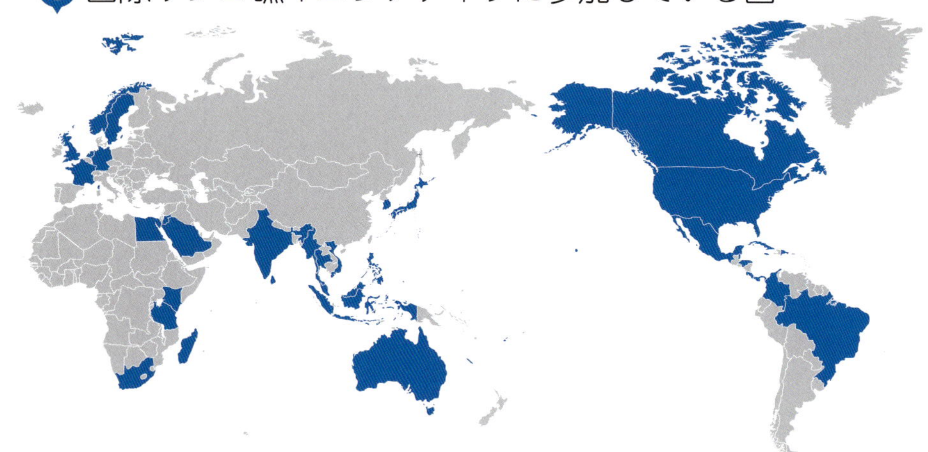

国際サンゴ礁イニシアティブは、オーストラリア、フランス、日本、ジャマイカ、フィリピン、スウェーデン、イギリス、アメリカによって創設され、現在は45カ国が参加しています。

解決に向けた取り組み⑤

人工海水でサンゴの人工産卵

自然界のサンゴは、年に１度６月に卵を産みます。環境移送ベンチャー企業のイノカは、人工海水を使った水槽内で季節を逆転させ、２月に産卵させることができました。

サンゴの研究は天然の海で育ったサンゴを使う必要がありましたが、時期を問わず人工産卵ができるようになると、生態の研究が進めやすくなり、サンゴ礁を守るための活動にも役立ちます。

写真提供：株式会社イノカ

水槽内は、水質や水温だけでなく、水流や明るさまでも天然の海と同じ環境になるように、コントロールされています。

クイズの答え ②海ぶどう。細いくきに実のような粒がたくさんついています。この粒は、じつは植物の葉にあたる部分です。恩納村では、海ぶどうの養殖も行われています。

わたしたちにできること

生活排水にふくまれる窒素やリンが海に流れ出すと、海の栄養度が高まってプランクトンが増えます。その結果、海水の透明度が下がって太陽の光が届かなくなり、サンゴが死んでしまうことがあります。沖縄県は、赤土や肥料とともに、生活排水や工場排水などに厳しい基準をつくって、海水の透明度を守ろうとしています。

沖縄に行く機会があれば、海や川を見て、赤土がどのように流れ出していくのか調べてみたい。ほかにも何かできることがあると思う。

私は沖縄本島の恩納村に行って、漁師さんにインタビューしてオニヒトデの駆除やサンゴの植え付け活動の苦労を知りたいな。

サンゴ礁がなくなることは、沖縄を始めとするきれいな海がなくなってしまうことにもつながります。サンゴが今どうなっているかを知り、きれいな海を守るために何ができるのかを考えていきましょう。

教科書に、サンゴ礁の島国ツバルは、開発でサンゴ礁が被害を受けていて、海面上昇で島が水没するかもしれないって書かれていたよ。僕はツバルの実態とサンゴ礁を守る取り組みを調べたいな。

広げよう深めよう

1997年に、日本サンゴ礁学会が設立されました。これは、サンゴ礁研究の発展と学際的な知識の進歩およびその普及を図ることを目的とし、サンゴやサンゴ礁に関心のある人が参加できる数少ない学会です。大学や研究機関の研究者だけでなく、民間企業、官庁、財団、NGO、ダイバーなど、サンゴやサンゴのすんでいる環境に関心のあるすべての人々に開かれた学会をめざしています。

No. 17

単元｜小学５年｜わたしたちの生活と環境

森林破壊を食い止めるにはどうすればいい？

関連するSDGsの目標

問題を知ろう

アマゾンの熱帯雨林が消えている

南アメリカ大陸のアマゾン川の流域には、世界最大の熱帯雨林が広がっています。この場所で今、深刻な環境問題が起こっています。

第二次世界大戦のあと、ブラジルは国の計画として農地を増やすため、アマゾン川流域の開発を始めました。1960年代にはアマゾン横断道路の建設がスタートし、今も続いています。この道路に沿って開発業者が熱帯雨林に入り、森を焼き払って牧場をつくったりしています。木材がよく売れることから、違法な伐採もあとを絶ちません。

さらに近年は、アマゾン川を利用した水力発電のためにダムがいくつも建設され、多くの森林が水没しています。アマゾンの熱帯雨林は、2021年８月～2022年７月までに、１万1,568k㎡以上が失われたとされています。これは日本の秋田県とほぼ同じ面積です。

アマゾンの熱帯雨林は、多種多様な動植物のすみかです。また、そこで暮らしている先住民族の人々もいます。日本から遠く離れた場所ですが、熱帯雨林の消失は地球環境や私たちの暮らしにも大きな影響があるのです。

出典：Webサイト PanoraGeo

ブラジル北部の都市マラバ近くのアマゾン横断道路（2007年ごろ）。かつては豊かな熱帯雨林でしたが、近年は木が少なくなっています。

森林が失われるとどうなる？

森林は、地球環境にとって重要な働きをしています。とくにアマゾン川の流域は年間を通して気温が高く、雨もよく降るため、植物がさかんに光合成を行っています。光合成をすると二酸化炭素が吸収され、酸素が排出されます。森林が失われると、温室効果ガスである二酸化炭素の吸収量が減り、地球温暖化が進むといわれています。

一方、国土面積の3分の2が森林の日本では、昔から林業がさかんでした。ところが、近年は外国から安く輸入される木材に押され、林業を営む人が減っています。そのため全国で管理されなくなって荒れはてた森林が増えているのです。

アマゾンの熱帯雨林が失われていることと、日本で荒れはてた森林が増えていることは、どちらも環境破壊の問題です。どうすれば、食い止めることができるでしょうか？

sebastorg/Shutterstock.com

2019年8月、ブラジルの各地でアマゾンの熱帯雨林を守るよう政府に訴えるデモが行われ、国際問題として大きく報道されました。熱帯雨林での森林火災により大量の二酸化炭素が放出され、温暖化が進んだといわれています。

キミならどう解決する？

アマゾンの熱帯雨林はとても広いから、違法な伐採を見つけるのは難しいと思うわ。ドローンを使ったりして、違反した業者を効率よく見つけることはできないのかしら？

森林がなくなると地球温暖化につながるだけじゃなく、漁業にも影響が出るって聞いたことがあるよ。木を１本切ったら必ず２本以上植えるとか、法律で決めるといいんじゃないかな。

日本でも放置された森林が増えて、環境破壊が進んでいるんだね。それなら、森林を管理する人を増やしたり、もっと国産の木材でいろいろな製品をつくったりして、林業を復活させたいな。

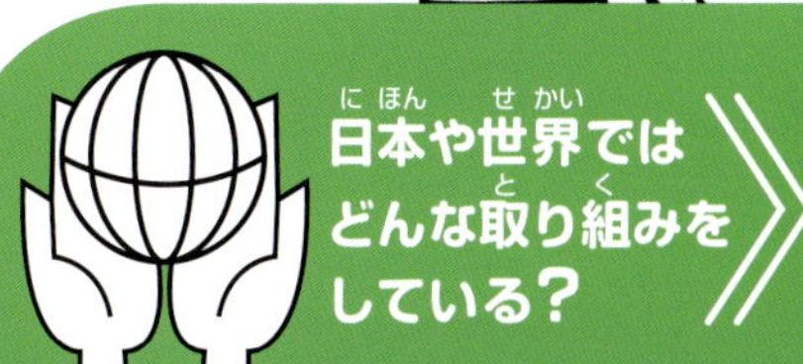
日本や世界では
どんな取り組みを
している？

解決に向けた取り組み①

ブラジル政府による保護区の設定

2023年１月に就任したブラジルのルラ大統領は、その年の６月に「2030年までにアマゾンの森林伐採を減少・阻止する計画」を発表しました。これにより、先住民族が暮らすエリアをふくむ、300万ヘクタールの保護区が新たに設けられました。

この保護区内には、一般の人は立ち入ることができません。連邦警察による監視拠点も増え、1,600人の監視員が配置されました（監視の方法は、次のページで紹介します）。さらにブラジル政府は、違法に伐採をしていた業者を撤退させるため、チェーンソーを買い取ったりもしています。

森林伐採が禁止されると、仕事がなくなる人が増えて、街がすたれる可能性もあります。そこで政府は、認証マークつきの森林製品の生産を認めたり、生産方法を教えたりしています。2023年に消失したアマゾンの熱帯雨林面積は5,152km^2で、前年の約半分まで減らすことができました。

アマゾン熱帯雨林の消失面積

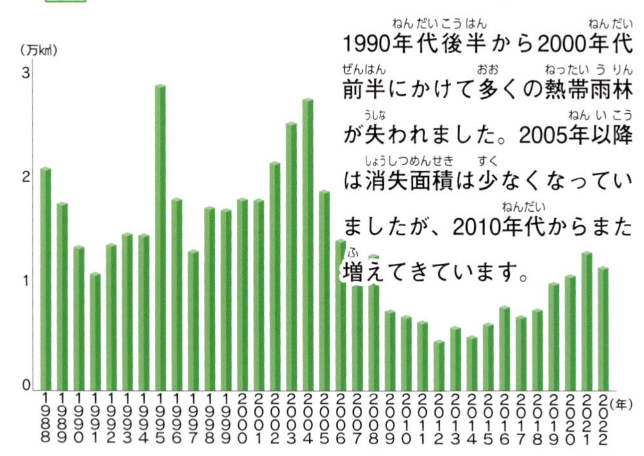

出典：ブラジル国立宇宙研究所（INPE）

アマゾンの先住民族保護区

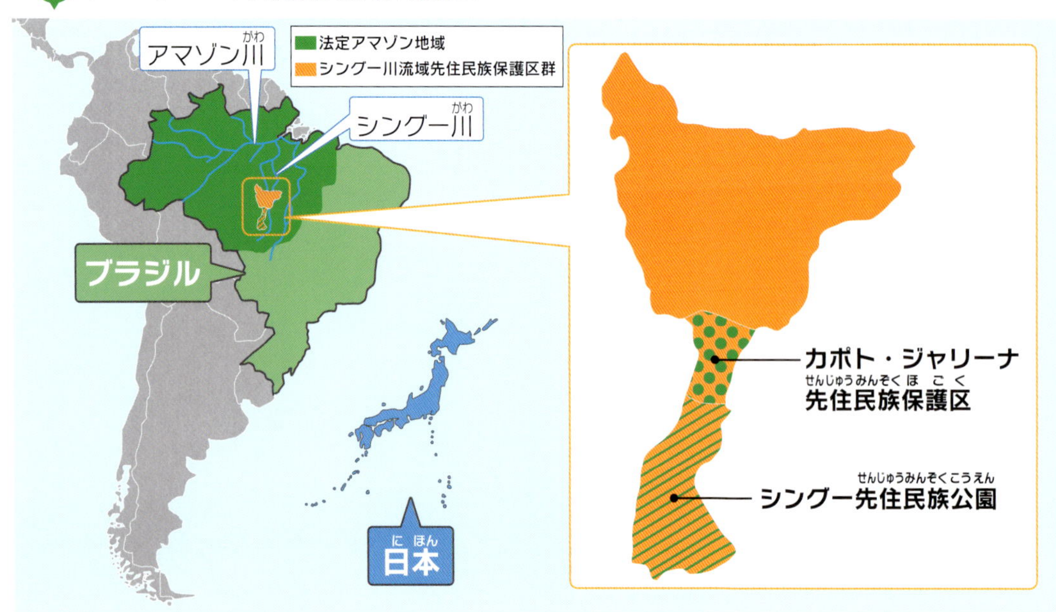

ブラジル政府が監視を強めている先住民族保護区の一例。アマゾン流域には広大な先住民族保護区の森があります。2006年から2020年の間に4億3,100万tの二酸化炭素が吸収されたといわれています。

豆知識　人間の手が加わっていない植生（森林など）の20～25%が失われると、その地域はもとの自然に回復できないとされています。アマゾンの熱帯雨林は、すでに19%が失われています。

解決に向けた取り組み②

日本の人工衛星がアマゾンの違法伐採を監視

ブラジル政府は、2003年から人工衛星による森林の違法伐採の監視を始めました。ただ、当時の衛星は晴れた日の日中しか撮影することができず、夜や10月から4月までの雨季は違法伐採を取り締まることができませんでした。

この問題を解決したのは、2006年に打ち上げられた日本の地球観測衛星「だいち」です。高性能レーダーを備え、夜や雨季でも地表の観測ができるため、1年を通して違法伐採を監視することができます。現在は2014年に打ち上げられた「だいち２号」が運用されています。

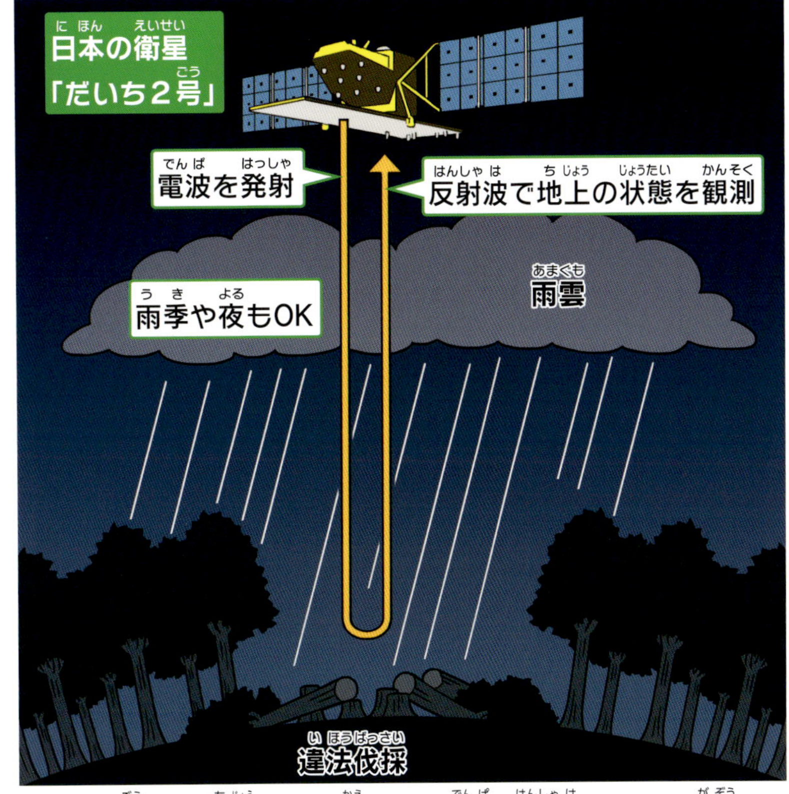

「だいち２号」は、地上からはね返ってきた電波（反射波）をもとに画像をつくります。この画像をブラジル政府に送り、現地の行政官が違法伐採を取り締まります。

J J-FAST

©JICA/JAXA

2014年に運用が始まった「だいち2号」から送られてくるデータをもとに画像が解析されます。赤く示された部分が伐採されたエリアです。

2016年には、JICAとJAXA（宇宙航空研究開発機構）が共同で違法伐採の監視システム「J J-FAST（JICA-JAXA熱帯林早期警戒システム）」を開発し、4万件以上の違法伐採を検知しました。その結果、違法伐採面積を前年の80％も減少させることができたのです。このシステムはアフリカやアジアなど77カ国でも取り入れられました。

クイズ
1990年から2020年の間に失われた世界の森林面積はどれくらいでしょう？
①１万7,800㎢　②17万8,000㎢　③178万㎢

解決に向けた取り組み③

環境に配慮した持続可能な育林経営

三重県紀北町にある速水林業という会社では、光沢があって耐久性にすぐれている「尾鷲ヒノキ」を生産しています。高品質な木材として売るために、適切な時期に下枝を切るなどの手入れをすることで、枝が節となって残らないよう工夫しています。

日本では家の建て方の変化で木材が安くなり、林業で働く人が減っています。森林が放置されると、土が流れ出るなどの問題が起こりやすくなります。そこでこの会社では、計画的な植林と伐採を行うことで、森林を守り育てているのです。

写真提供：速水林業

広葉樹の低木や下草を生やして、表面の土壌が流れ出ないようにしています。また、間伐で森林全体に日光を届かせて、森の生態系を保っています。

解決に向けた取り組み④

丸太の体積が簡単に計算できるアプリ

エストニアのTimbeterという会社は、丸太の体積などを計算するスマートフォン用アプリを開発しました。このアプリは、山林で切り出されたり、木材市場やトラックに積まれたりした丸太のスケーリング（計測）を行うことができます。

写真を撮り、木の種類や長さなどの情報を入力するだけで丸太の体積がわかり、仕事の効率がアップします。持続可能な育林経営をあとおしするアプリといえます。

丸太の体積を計算するアプリ「Timbeter」の操作画面。無料でダウンロードでき、世界中どこでも使えます。

クイズの答え ③178万㎢。30年間で、日本の国土面積の５倍近い森林が失われました。これは、１分間で東京ドーム約２個分の森林が消えている計算になります。

わたしたちにできること

森の中には生物がたくさんいて、栄養豊富な水がたくわえられています。その水が川を流れて海にたどりつくと、魚介類がよく育ちます。ところが、森が手入れされなくなると、その栄養は失われてしまいます。日本では、森・海・川を一体のものとして再生していく「漁民の森づくり運動」が行われています。漁業を営む人たちが森の大切さを訴え、木を植えたり、スギやヒノキを育てる手伝いをしたりしています。

写真提供：広島西部ロハスの会

広島県廿日市市では、毎年「はつかいち漁民の森づくり」が開催され、漁業を営む人とともに植林活動が行われます。

森林伐採をモニタリングするＪＪ-FASTの成果は、ネット上で見られるんだね。どんな場所で森林伐採が進んでいるのか、くわしく調べてみよう。

違法伐採がなくならないのは、木材を使う先進国が原産地のことを考えずに伐採を進めているからかもしれないわね。先進国も考えないといけないわ。

アマゾンの熱帯雨林では森林伐採が急速に進んで問題となり、日本では森林の伐採が進まないことで問題となっています。解決すべき課題はいろいろありますね。

「尾鷲ヒノキ」がどういう育ち方をしているか、自分の目で確かめてみたいな。そこに森林を守るヒントがあるかも。

広げよう深めよう

速水林業は、2000年に日本で初めてFSC®認証ラベルを取得しました。これは、森林の生態系を守り、地域社会や先住民族、労働者の権利を守りながら適切に生産された製品にマークをつけられる制度です。FSC®認証ラベルのついた製品が増え、その製品を消費者が選ぶようになれば、多くの人に森林保全の大切さが伝わるでしょう。

No. 18

単元｜小学6年｜世界の中の日本

絶滅危惧種を守るには どうすればいい？

関連するSDGsの目標

問題を知ろう

絶滅危惧種って何？

地球の長い歴史をふり返ると、恐竜を始め絶滅していった生物が少なくありません。現在、地球上には500万とも5,000万ともいわれる種類の生物がいて、多様な生態系をつくり出しています。

その一方で、人間の活動による影響を受け、絶滅の危機にひんしている生物が増えています。そのうち、とくに絶滅のおそれの高い野生生物のことを「絶滅危惧種」といいます。

現在、絶滅のおそれのある野生生物は４万5,000種を超えています。

かつては日本各地の川辺で見られたニホンカワウソ。2012年、環境省が「絶滅種」としました。

IUCNのレッドリストのカテゴリー

カテゴリー名	内容	指定生物の例
絶滅（EX）	最後の個体が死んでしまっている種	ニホンカワウソ、ニホンオオカミなど
野生絶滅（EW）	飼育しているものや自然分布域の明らかに外側で野生化したもの以外は絶滅した種	アオコンゴウインコなど
深刻な危機（CR）	ごく近い将来絶滅の危険がきわめて高い種	キタシロサイなど
危機（EN）	近い将来に絶滅する危険がかなり高い種	インドライオン、アムールトラなど
危急（VU）	絶滅の危機が高くなっている種	ジャイアントパンダ、ホッキョクグマなど
準絶滅危惧（NT）	存続する基盤が弱くなっている種	オオサンショウウオ、トドなど
低懸念（LC）	「深刻な危機」「危機」「危急」「準絶滅危惧」のいずれの要件も満たしていないもの	アカカンガルー、ヒグマなど
情報不足（DD）	評価のための情報が不足しているもの	ジャワマメジカなど
未評価（NE）	まだ評価されていないもの	

スイスに本部を置くIUCN（国際自然保護連合）では、絶滅の危機にある野生生物を「レッドリスト」（正式名称は「絶滅のおそれのある種のレッドリスト」）として公表しています。とくに絶滅のおそれの高い種（絶滅危惧種）とされる３つのカテゴリー（CR・EN・VU）には、４万5,321種が掲載されています（2024年７月現在）。

植物も人間のせいで絶滅している

絶滅の危機が迫っているのは、動物だけではありません。IUCNの調べでは、世界には30万種以上の種子植物（被子植物・裸子植物）やシダ植物と、５万種以上の蘚苔類（コケ類）や地衣類、藻類、菌類が生存しています。

日本の環境省が独自に作成したレッドリストによると、種子植物とシダ植物のうち1,790種が絶滅危惧種（CR・EN・VU）とされています（2020年現在）。たとえ１種の植物であっても、絶滅するとほかの植物に影響を与えます。もし1,790種が絶滅してしまったら、日本の植物の環境は大変なことになってしまうでしょう。

鹿児島県の奄美大島や加計呂麻島などに自生するウケユリ。環境省のレッドリストで、絶滅の危険性がきわめて高い種（絶滅危惧ＩＡ類）に分類されています。

植物が絶滅していく最大の原因は、動物の場合と同じで、人間のさまざまな活動です。土地の造成やダム工事などの開発によって、植物の生育地が失われているのです。この状況が続けば、2050年までに日本に自生する約7,000種の植物の４分の１が絶滅するといわれています。

どうすれば、動物や植物を守っていけるのでしょうか？

キミならどう解決する？

ワシントン条約によって、印鑑などに使われるゾウの牙が取引できなくなったんだって。それも人間がゾウを捕まえすぎたせいだよね。絶滅危惧種を守るためには法律で規制するしかないと思うな。

最近の気候変動は、人間だけでなく動物たちにも大きな影響を与えているそうよ。希少な野生生物を守るうえでも、みんなで考えなくちゃいけない問題なのね。

密猟されたトラの皮が高値で売られているっていう話を聞いたことがあるよ。AIとかドローンとか新しい技術を使って、密猟を取り締まることはできないのかな。

解決に向けた取り組み①

絶滅危惧種を保護する国際条約と日本の法律

「ワシントン条約」は、絶滅するおそれのある野生動植物を保護するための国際条約です。正式名称を「絶滅のおそれのある野生動植物の種の国際取引に関する条約」といい、1973年にアメリカのワシントンD.C.で採択されました。2023年11月現在、日本を始め180カ国以上がこの条約を結んでいます。

ワシントン条約では、野生動植物の輸出・輸入など国際取引のルールや、規制対象となる種を定めています。規制対象は生きたものに限らず、はく製や象牙、べっこう、皮革製品などの加工品もふくまれます。

ワシントン条約（附属書Ⅰ）のカテゴリー

規制内容	掲載種の例
絶滅のおそれのある種で国際取引禁止	ジャイアントパンダ、オランウータン、ペット用のコンゴウインコ、象牙の印鑑用のゾウ、毛布用のトラ、べっこう用のウミガメなど、約1,000種

ワシントン条約では、国際取引の規制対象となる動植物を「附属書」に掲載しています。附属書はこのほかに「Ⅱ」「Ⅲ」があり、3つのレベルでそれぞれ規制内容が定められています。

種の保存法（数値は2015年当時。❷、❸はいずれも「国内希少野生動植物種」のみ対象）

❶個体などの取り扱い規制	
①国際希少野生動植物種（688分類）	②国内希少野生動植物種（130種）
・「販売目的の陳列・広告」「譲渡しなど」の禁止（例外あり） ・「輸出入時の承認」の義務付け	「販売目的の陳列・広告」「譲渡しなど」「捕獲など」「輸出入」の禁止

（数値は2015年5月現在）

❷生息地保護	生息地等保護区の指定・保護管理
9地区指定（計885.48ヘクタール）	
❸保護増殖	**保護増殖事業計画の策定・実施**
計63種150計画策定	

種の保存法では、生物そのものの販売やゆずり渡しを規制するだけでなく、生息地を守るルールや、増やしていくための保護のルールが定められています。

日本は、1980年にワシントン条約の締約国となり、「外国為替及び外国貿易法（外為法）」で野生生物の輸出入を規制しました。さらに、1993年に「絶滅のおそれのある野生動植物の種の保存に関する法律（通称：種の保存法）」を施行して、絶滅危惧種の国内での取り扱いを規制しています。

しかし、それでも希少生物の違法取引があとを絶たないため、2013年に「種の保存法」が改正され、罰則をさらに厳しくすることが盛り込まれました。

豆知識 トカゲ、カメレオン、アロエ、サボテンは、ワシントン条約の規制対象で、外国から日本に持ち込むときに手続きが必要です。

解決に向けた取り組み②

WWFの自然保護活動

1961年にスイスで設立されたＷＷＦ（世界野生生物基金）は、野生動物を絶滅から救う活動をしています。1986年に活動の範囲が野生動物の生息地をふくめた環境の保全に拡大され、世界自然保護基金と名前が変わりました。

ＷＷＦの野生生物を守る活動

①生物多様性の保全	生物多様性の保全をめざした自然保護プロジェクトを世界各地で展開しています。
②希少な野生生物の保護	開発や人が持ち込んだ外来生物、乱獲、地球温暖化などにより絶滅の危機にひんしている野生動物に対し、個体の救出作戦、自然保護のための資金提供、野生動物生息地の国立公園指定などを行っています。
③野生生物の違法取引対策	地球の生物多様性を保全するため、生物の過剰な利用や乱獲、またそれを助長する密輸などの調査やパトロール活動を支援しています。

「生物多様性」とは、地球上の生物がバラエティに富んでいること。複雑で多様な生態系そのものを示す言葉です。

解決に向けた取り組み③

動物園や水族館の「ブリーディングローン」

希少な動物を絶やさず増やしていくために、世界の動物園や水族館は繁殖を目的に動物を貸したり借りたりする「ブリーディングローン」という制度をつくり、協力して種の保存を進めています。

日本では、東京の上野動物園が、京都市動物園や静岡市立日本平動物園、千葉市動物公園からゴリラを集めて繁殖を進めています。ほかにも、多摩動物公園では1996年からユキヒョウの繁殖を試み、名古屋の東山動植物園や札幌の円山動物園の間で個体を移動させています。

また、和歌山県のアドベンチャーワールドにいるジャイアントパンダは、1994年から日本と中国が共同で繁殖研究に取り組んでいます。

動物園や水族館では、動物を見せるだけでなく、絶滅危惧種の保護活動もしているそうよ。こうした取り組みがもっと広まっていくといいな。

クイズ 絶滅の危機にひんしている生物は、次のうちどれでしょう。答えは複数あります。①トキ　②コウノトリ　③ライチョウ　④ラッコ　⑤ジュゴン　⑥ミナミメダカ　⑦カブトガニ　⑧ムツゴロウ

解決に向けた取り組み④

渡り鳥にGPSをつけて生態調査

環境省が絶滅危惧種に指定しているブッポウソウという鳥にGPS（衛星利用測位システム）を取りつけて、行動をつかむ生態調査を行っています。この調査は、日本希少鳥類研究所所長の飯田知彦さんたちが進めています。

まず、親鳥に重さ3.6gの小型GPS機器を取りつけ、1時間ごとの行動を機器に記録します。それをスマートフォンなどで受信すると、地図上に表示されるしくみです。これで森での行動パターンがわかり、巣箱の設置場所など保護に生かせるデータが得られます。また、ブッポウソウは9月に越冬地の東南アジアへと旅立ちますが、そのルートを確認することもできます。

写真提供：飯田知彦

夏に渡ってきて巣をつくるブッポウソウ（全長約30cm）。調査が行われた広島県三次市作木町は全国有数の営巣地です。

解決に向けた取り組み⑤

ゾウを密猟者から守る監視システム

ゾウの牙（象牙）は工芸品の素材として人気があり、ワシントン条約で取引が禁止されているにもかかわらず、毎年多くのゾウが密猟されています。

ゾウの密猟を減らすために、17歳の少女がElSaというシステムを開発しました。ElSaは、ゾウと密猟者の動きを学習させたAIサーモカメラをドローンに取りつけ、ゾウがいる場所を監視するしくみです。監視映像から、90％以上の精度で人間を検出できるため、ゾウの近くに人が迫っていることがわかります。

まだ実用化はされていませんが、ゾウ以外の野生動物の密猟を防ぐためのシステムも開発中とのことです。

システムを開発したニューヨーク出身のアニカ・プリさん。インドの市場で象牙の工芸品が並んでいるのを見てショックを受け、システム開発を決意したそうです。

クイズの答え ①〜⑧すべて。日本産のトキは2003年に絶滅しましたが、2008年より中国産から人工繁殖させたトキを放鳥して繁殖に成功しました。現在は約500羽のトキが野生下で生息しています（2023年末）。

わたしたちにできること

セイタカアワダチソウは、夏から秋にかけて黄色い花を咲かせる大型のキク科の植物です。明治時代に北アメリカから持ち込まれた外来種で、繁殖力がとても強いため、絶滅のおそれのある在来のフジバカマやオギ、ススキなどが追いやられています。そのため、セイタカアワダチソウを見つけたら、根から引き抜くなどの方法で、すぐに駆除する必要があります。

全国の土手や河川敷、空き地などに群生するセイタカアワダチソウ。「日本の侵略的外来種ワースト100」の指定種です。

ワシントン条約で取引が禁止されているのに、密猟や密売があとを絶たないのは、それを欲しがる人がいるからだよね。絶滅危惧種の動物や植物からつくられた工芸品なんて、僕は絶対いらないな。

僕もプログラミングをもっと勉強して、野生生物を守るのに役立つシステムをつくりたいな。

私たち人間も動物の一種であり、自然の一部です。絶滅危惧種を守って、助け合いながら暮らしていきたいですね。

よく見かけるセイタカアワダチソウって、日本固有の植物じゃないんだ。ほかの植物の生長のさまたげになるなら駆除しなくちゃ。セイタカアワダチソウにだけ効く農薬ってできないかな？

広げよう深めよう

絶滅危惧種の細胞を凍結保存して、タイムカプセルのように未来に残す取り組みが広がっています。これまで国立環境研究所（茨城県つくば市）にしかなかった凍結保存施設が、2023年６月、沖縄県本部町にも誕生しました。2024年３月には、北海道にも細胞保存装置が整備されました。

写真提供：国立環境研究所

つくば市の国立環境研究所にある凍結保存施設では、日本産のトキや、オガサワラシジミなどの絶滅危惧種を始め、127種の培養細胞などを凍結保存しています。

くわしく知りたい

SDGs 17の開発目標

SDGs（持続可能な開発目標）には、17の開発目標（ゴール）があり、2030年までに達成することをめざしています。それぞれの開発目標についてくわしく見ていきましょう。

※おもに環境に関係する開発目標には、アイコンの横にその記載があります。

国家間の経済格差を少なくし、世界中のあらゆる貧困を終わらせる

アフリカや南アジアを中心に、世界人口の10分の１にあたる７億3,400万人（2015年）もの人たちが、食べものや衣服がないなど、生きるうえで必要最低限の生活水準が満たされない「絶対的貧困」の状態に置かれています。子どもの６人にひとり（３億5,550万人）が絶対的貧困です。貧しいと満足に食事ができず、学校にも通えません。

貧困層の数は近年まで減っていましたが、新型コロナウイルス感染症により増加に転じ、2021年には世界で最大１億5,000万人増えると予測されました。SDGsでは「あらゆる場所のあらゆる形態の貧困を終わらせる」ことをめざします。

飢餓をなくし、食料が過不足なくいき渡る持続可能な農業をめざす

飢餓とは、食べものがなくておなかがすいた状態です。世界では、８億2,100万人（2018年）の人たちが最低限必要な食べものを食べられていません。きちんとした食事をとらないと栄養不足になり、命を落とす危険があります。でも、世界にはすべての人のぶんをまかなえる食料があります。

食料の配分にはかたよりがあり、貧しい国では飢餓におちいる人が多くいる一方、豊かな国では食べものの３分の１が捨てられる「食品ロス」現象が起こっています。SDGsでは「飢餓を終わらせ、食料安全保障と栄養改善を実現し、持続可能な農業を進める」ことをめざします。

すべての人々が健康で長生きできる医療と衛生、福祉体制を整える

世界では毎年500万人（2021年）の子どもたちが５歳の誕生日を迎える前に病気で亡くなっています。毎日810人（2017年）の女性が妊娠や出産の際に死亡しています。これらの原因は、ワクチン未接種、栄養失調、医師・看護師不足、大気汚染などです。

また、2021年には、新型コロナウイルス感染症による死者数が350万人を超え、三大感染症のエイズ、マラリア、結核の年間死者数を上回りました。SDGsでは「あらゆる年齢のすべての人々の健康的な生活を確保し、福祉を進める」ことをめざします。

世界中のすべての人々が質の高い教育を受けられる体制を構築する

世界では２億6,400万人の子どもたちが学校に通えていません。６億人を超える青少年が基礎的な読み書きと算数を身につけていないそうです。UNICEFによると、学校に行けずに働いている５歳～17歳の子どもは１億6,000万人（2020年）にのぼります。とくにアフリカでは、５人にひとりが児童労働を強いられています。

開発途上国の人は生きるのにせいいっぱいで教育を受ける余裕がありません。教育の大切さを知らない親も多く、貧困の連鎖が起こります。SDGsでは「すべての人々へ公正で質の高い教育を提供し、生涯学習の機会を進める」ことをめざします。

ジェンダー不平等をなくし、女性も能力を発揮できる社会をつくる

ジェンダーとは、生物学的な性別ではなく、文化や習慣による性別のことです。日本は男女差別が強く残っており、各国の男女格差を示すジェンダー・ギャップ指数では、146カ国中125位です。

国会議員に占める女性の割合は15.6％（2023年）にすぎません。イギリスやドイツ、韓国などでは女性の首相や大統領が生まれています。

女性は男性より賃金が低く、会社で出世するのがおそいという差別も受けています。SDGsでは「ジェンダー平等を達成し、すべての女性と女の子をエンパワーする（力をつけさせる）」ことをめざします。

6 安全な水とトイレを世界中に

環境に関係するSDGsの目標

すべての人々が衛生的な水を飲み続けられる基盤と管理体制を築く

日本では、水道の蛇口をひねるときれいな水が出てきます。これは世界的にとてもめずらしく、幸せなことです。地球上では21億8,500万人（2017年）が「安全に管理された飲み水」を使えていません。世界で30億人が自宅に石けんと水で手洗いできる設備がなく、20億人がトイレのない暮らしをしています。

汚物や生活排水が川や海に流されるせいで亡くなる人もいます。2030年までに、水不足で７億人が住む場所を追われるといわれています。SDGsでは「すべての人々の水と衛生の利用可能性と持続可能な管理を確保する」ことをめざします。

環境に関係するSDGsの目標

世界中でエネルギーを安く、安定的に使用できる基盤の整備を急ぐ

世界では、６億7,500万人（2023年）が暗がりで生活をしています。そのうち５億4,000万人がサハラ砂漠より南のアフリカに集中しています。開発途上国の医療施設の４分の１は電気が通らず、医薬品を保存する冷蔵庫が使えません。

日本では発電全体の４分の３が、石油や石炭を燃やす火力発電でまかなわれています。火力発電は二酸化炭素（CO_2）を大気に出します。地球温暖化を防ぐには、太陽光発電や風力発電など自然エネルギーへの転換が求められます。SDGsでは「すべての人々が安くて信頼できる持続可能な近代的エネルギーへのアクセス確保」をめざします。

働きがいのある人間らしい雇用を確保し、持続可能な経済成長を図る

世界では１億7,000万人が仕事に就けないか、就いているとしても十分な賃金をもらえていません。開発途上国を中心に、4,960万人（2021年）が国際労働機関（ILO）の定める現代奴隷制（強制労働と強制結婚）の被害を受けています。

このうち、強制労働をさせられている女性は1,180万人にのぼり、子どもは330万人を超えています。また、強制結婚の被害者の３分の２は女性です。SDGsでは「すべての人々の人権を尊重し、持続可能な経済成長とすべての人々の完全で生産的な雇用と働きがいのある人間らしい雇用を進める」ことをめざします。

9 産業と技術革新の基盤をつくろう

環境に関係するSDGsの目標

強いインフラを整え、技術革新を推進して持続可能な産業を育てる

生きていくために必要な道路や橋、飲み水をためるダムは、インフラ（社会基盤）と呼ばれます。日本はインフラが整っている国ですが、世界には整備が不十分な国が数多くあります。現代の生活に欠かせないインターネットが使えるのは、世界の人口の67%にすぎません。

発展がとくに遅れているサハラ砂漠より南のアフリカの国ぐにでは、インターネットの利用率は22%にとどまります。SDGsでは「強固なインフラを構築し、すべての人々の人権を尊重しながら持続可能な産業化を進め、イノベーションの推進を図る」ことをめざします。

人と人、国と国に残るあらゆる差別をなくし、平等な社会をつくる

国際NGOオックスファム・インターナショナルは、「2019年時点で10億ドル（1,100億円）以上の資産をもつ富裕層2,153人は、46億人の総資産を上回っている」と発表しました。新型コロナウイルス感染症で、富裕層の資産は一時的に減ったものの、現在は回復しています。

一方、貧しい人の資産が感染症拡大前に戻るまでには10年以上かかるとされ、貧困層が集中的に打撃を受けています。また、最近では、LGBTQ（性的少数者）の人々に対する偏見が新たな問題として浮かび上がっています。SDGsでは「各国内と各国間の不平等をただす」ことをめざします。

環境に関係するSDGsの目標

すべての人々が住み続けられる安全で快適なまちづくりを推進する

都市は地方にくらべて便利で快適な生活を送れます。2050年までに全人口の３分の２にあたる65億人が都市に住むと予測されています。都市は政治や経済の面で国の発展をリードしますが、渋滞や犯罪、ゴミなど環境への悪影響があります。

中国では、工場などから排出されるPM2.5（微小粒子状物質）によって大気汚染が進み、人体への影響が心配されています。世界で420万人（2016年）が、大気汚染のために平均寿命より早く亡くなりました。SDGsでは「すべての人々の人権を尊重し、安全、強固で持続可能な都市と居住環境を実現する」ことをめざします。

12 つくる責任 つかう責任

環境に関係するSDGsの目標

つくる責任と使う責任を自覚し、持続可能な生産と消費の均衡を図る

世界で生産される食品の３分の１にあたる13億tが毎年捨てられています。日本では、年間523万tの食品が捨てられています。給食では食べ残しにより、生徒ひとりあたり年間で7.1kgの食品が廃棄されています。

また、使わなくなって捨てられるスマートフォンやパソコンの量も増えており、全世界では年間5,360万t（2019年）、ひとりあたり7.3kgの量が廃棄されています。日本はそのうち５％を占め、ひとりあたりでは世界平均の2.8倍の量が捨てられています。SDGsでは「持続可能な生産消費形態を確保する」ことをめざします。

環境に関係するSDGsの目標

地球温暖化を抑え、気候変動を防ぐ対策に緊急に取り組む

発電などで化石燃料が使われると、大気中に二酸化炭素（CO_2）などの温室効果ガスが放出されます。温室効果ガスは地球温暖化の原因といわれています。先進国では排出量が減りつつありますが、開発途上国では年々増え続けています。地球の平均気温は140年間で１℃上がり、2100年までには3.2℃上昇するといわれています。

気温の上昇により南極大陸の氷がとけるなどして海水面が上昇し、巨大台風や大規模な水害も起こりやすくなっています。SDGsでは「気候変動とその影響を軽減する緊急対策を講じる」ことをめざします。

環境に関係するSDGsの目標

海の環境を守り、魚と共存し続けられる計画的な資源確保に努める

地球の表面積の７割を占める海は海洋生物の宝庫です。しかし、人類が必要以上に魚を獲ったため資源不足になりました。生物学的に持続可能なレベルで漁獲できる海洋資源の割合は、1974年には90.0％だったのに、2017年は65.8％に下がりました。

また、二酸化炭素（CO_2）が蓄積しすぎると海水が酸性化し、海洋生態系に悪い影響をおよぼします。2050年には、プラスチックゴミの量が魚の量を上回るともいわれています。SDGsでは「持続可能な開発のために海洋・海洋資源を保全し、持続可能な形で利用する」ことをめざします。

15 陸の豊かさも守ろう

環境に関係するSDGsの目標

陸の生態系を保ち、すべての「いきもの」が共生する環境を整える

環境破壊や密猟により、多くの野生動物が絶滅の危機にひんしています。国際自然保護連合（IUCN）が指定する絶滅危惧種は、4万5,321種（2024年）にのぼります。森林破壊も深刻で、2010年以降、世界では毎年1,000万ヘクタールを超える森林が減っています。

また、地球の陸地の13%にあたる20億ヘクタールが砂漠化しています。SDGsでは、「陸の生態系の保護、回復、持続可能な利用の推進、持続可能な森林の経営、砂漠化への対処や土地劣化の阻止・回復と生物多様性の損失を食い止める」ことをめざします。

すべての人々が平和で公正に暮らすことのできる制度づくりを急ぐ

国連によると、2015年からの３年間で10万6,806人の民間人が戦争や紛争で亡くなっています。毎日100人のペースで命を落としている計算です。国連難民高等弁務官事務所（UNHCR）によると、紛争などで故郷を追われた人は、2019年に過去最多の7,950万人にのぼりました。

2018年の殺人事件の被害者は44万1,163人もいます。SDGsでは「持続可能な開発のために平和ですべての人々の人権を尊重する社会をつくり、すべての人々へ司法へのアクセスを提供し、あらゆるレベルで効果的で説明責任のある包摂的な制度を構築する」ことをめざします。

環境に関係するSDGsの目標

持続可能な開発目標の達成のため地球的なパートナーシップを築く

SDGsが目標にかかげる貧困や飢餓の解消、平等や平和は、地球規模の大きなものばかりです。ひとりの人間にできることは限りがありますが、国と国または世界中の人々が手を取り合って声を上げて活動すれば、大きな変化が生まれます。先進国が開発途上国に資金を援助する政府開発援助（ODA）は、2019年で1,474億ドル（16.2兆円）にのぼりました。

未来のために行動を起こせば、よりよい世界が実現します。SDGsでは「持続可能な開発のための実施手段を強化し、グローバル・パートナーシップを活性化させる」ことをめざします。

さくいん

あ

か

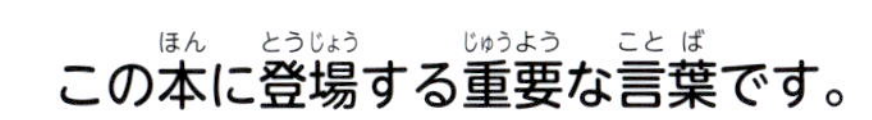
この本に登場する重要な言葉です。

ら

わ

英字

監修

由井薗 健（ゆいぞの・けん）

筑波大学附属小学校教諭。1971 年神奈川県生まれ。小学校社会科授業づくり研究会代表。著書に『由井薗健の「深い学び」をつくる社会科授業 ３年』（東洋館出版社）、『クイズとことん都道府県（全３巻）』（監修、理論社）ほか。

粕谷昌良（かすや・まさよし）

筑波大学附属小学校教諭。1975 年千葉県生まれ。小学校社会科授業づくり研究会代表。著書に『粕谷昌良の「深い学び」をつくる社会科授業 ４年』（東洋館出版社）、『アナザーストーリーの社会科授業』（学事出版）ほか。

著

小学校社会科授業づくり研究会（しょうがっこうしゃかいかじゅぎょうづくりけんきゅうかい）

2015 年に有志の教員により発足した、社会科授業力の向上を目指す研究会。単元全体を通した授業づくりのあり方を考え、子どもたちが楽しんで学び、追究を深めていける授業について研究を行う。定例会に加え、毎年夏と冬には、全国の教員や教育関係者に向けた公開授業を行っている。著書に『小学校社会科 Before&After でよくわかる！子どもの追究力を高める教材 & 発問モデル』（明治図書出版）、「子ども教養図鑑」シリーズ（誠文堂新光社）がある。

スタッフ
編集・構成・DTP ／造事務所
ブックデザイン／髙橋貞恩（イヌヲ企画）
イラスト／福井彩乃、川良くも、suwakaho、橋本千鶴
執筆協力／戸村悦子、古田由美子、稲坂曜、いとうたいち
校閲／鷗来堂

キミならどう解決する？
水不足、ゴミ問題、大気汚染、絶滅危惧種…
世界が抱える環境問題に向き合おう

子ども教養図鑑　SDGs 環境編

2024 年 10 月 17 日　発　行　　NDC360

監 修 者　由井薗 健、粕谷昌良
著　　者　小学校社会科授業づくり研究会
発 行 者　小川雄一
発 行 所　株式会社 誠文堂新光社
〒 113-0033 東京都文京区本郷 3-3-11
https://www.seibundo-shinkosha.net/
印刷・製本　株式会社 大熊整美堂

ISBN978-4-416-52401-5